HISTOIRE MÉDICALE

DE

LA FLOTTE FRANÇAISE

Corbeil, typographie et stéréotypie de Crété.

HISTOIRE MÉDICALE

DE

LA FLOTTE FRANÇAISE

DANS LA MER NOIRE, PENDANT LA GUERRE DE CRIMÉE,

PAR

LE DOCTEUR A. MARROIN

MÉDECIN EN CHEF DE CETTE FLOTTE, 2ᵉ MÉDECIN EN CHEF DE LA MARINE IMPÉRIALE A CHERBOURG, OFFICIER DE LA LÉGION D'HONNEUR ET DE L'ORDRE DU MEDJIDIÉ.

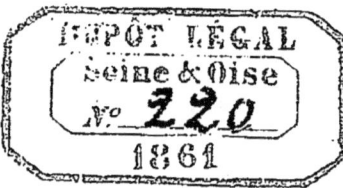

Je voudrais que mes lecteurs comprissent que je n'ai donné que quelques fragments et non pas des traités complets sur des sujets dont je m'étais proposé de parler, afin qu'ils n'exigent pas plus que ce que j'ai eu intention de faire.

(Max. Stoll, *Méd. prat. Éphémérides de l'année* 1778.)

PARIS
J. B. BAILLIÈRE ET FILS,

LIBRAIRES DE L'ACADÉMIE IMPÉRIALE DE MÉDECINE,
rue Hautefeuille, 19.

LONDRES	NEW-YORK
HIPP. BAILLIÈRE, 219, REGENT-STREET.	BAILLIÈRE BROTHERS, 440, BROADWAY.

MADRID, CARLOS BAILLY-BAILLIÈRE.

1861

A SON EXCELLENCE

MONSIEUR L'AMIRAL HAMELIN

GRAND CHANCELIER DE LA LÉGION D'HONNEUR.

Amiral,

Je livre à la publicité cette relation de la campagne de Crimée accomplie, en grande partie, sous vos ordres, et je prends la liberté de vous en faire hommage. Malgré les imperfections de ce travail, j'ai la conviction que vous l'accueillerez avec votre bienveillance habituelle. Vous daignerez excuser la témérité de cette démarche inspirée par un sentiment d'inaltérable reconnaissance.

Je suis, avec le plus profond respect,

Amiral,

De Votre Excellence,

Le très-humble et très-obéissant serviteur.

A. MARROIN.

PRÉFACE.

Depuis mon retour de Crimée, j'avais l'intention de publier cette relation médicale. Les obligations du professorat, deux longues maladies m'ont empêché de réaliser plus tôt ce projet. Ma récente nomination au port de Cherbourg, en m'isolant de nos écoles, m'a permis d'achever ce travail commencé en 1856, mais fréquemment interrompu.

Il ne s'agissait que de relier ma correspondance officielle, mes rapports à l'inspecteur général du service de santé, mes notes particulières. L'esprit n'avait rien à créer. Au milieu des préoccupations de l'enseignement, il n'est pas facile de se recueillir quelques heures, chaque jour, pour coordonner ses souvenirs et reproduire le passé sous sa véritable physionomie.

Mon seul but est de faire connaître le rôle de la marine, pendant la guerre de Crimée, rôle moins brillant que celui de l'armée, à coup sûr, non moins méritoire.

Placé à la tête du service médical, j'ai pu me convaincre de l'importance des fonctions qui nous incombent. La médecine ou la chirurgie pratiquées dans un grand hôpital ne sauraient donner une idée de ces subites exigences, qui, à la guerre, se dressent inopinément devant nous, réclamant une solution immédiate.

Le médecin en chef d'une flotte est sous le poids d'une immense responsabilité. Il doit par sa prévoyance aplanir les difficultés inhérentes au service qu'il dirige. En compensation de sa sollicitude, il trouvera l'autorité morale qui convient à ses fonctions.

Prévenir l'accumulation des malades, assurer l'approvisionnement en médicaments, créer des hôpitaux en rapport avec les nécessités de la situation, s'attacher à l'observation des lois de l'hygiène, surveiller enfin l'accomplissement du service médical dans toutes ses parties, voilà d'importantes attributions. Ses droits, qu'il en soit certain, grandiront en proportion de son application à étendre ses devoirs. En face de réalités souvent douloureuses, il appréciera avec justesse la distance qui sépare les spéculations de la théorie des difficultés de la pratique.

J'ai indiqué les opérations maritimes accomplies

sous mes yeux, afin que le lecteur rapportât les phases pathologiques de la flotte aux événements qui exerçaient une incontestable influence *sur l'état sanitaire*. Il est bien entendu qu'on ne trouvera pas ici une étude technique des manœuvres de nos vaisseaux.

Le plan de ce travail est donc conforme à l'ordre historique de la campagne. J'ai esquissé, chaque mois, les faits de guerre accomplis, le rôle de la marine et la physionomie pathologique de la flotte. Des tableaux trimestriels ou mensuels viennent à l'appui du texte.

Afin de ne pas donner à ces tableaux des proportions exagérées, j'ai réuni sous la dénomination d'affections diverses les maladies accidentelles, désirant mettre en relief celles qui régnaient d'une manière dominante. Dans les réunions d'hommes soumis à des conditions identiques, les mêmes manifestations pathologiques se disséminent ordinairement. C'est l'un des traits les plus caractéristiques de la médecine des armées et des escadres que d'avoir parfois une seule maladie à traiter sur des masses.

Quel est celui qui, vivant en contact avec ces hommes de mer, à la fois intrépides et naïfs, aussi infatigables au travail qu'expansifs dans leurs joies n'a conservé d'eux un affectueux souvenir? Le médecin pourrait-il rester indifférent à ces vaillantes natures? Son ministère s'accomplit à bord dans des conditions qui commandent plus qu'ailleurs le dévouement, la douceur. La souffrance y coïncide avec les regrets de la patrie et de la famille.

Pendant l'année 1854, j'ai appartenu à l'état-major général de M. le vice-amiral Hamelin. Un état-major général constitue une véritable famille. Malgré la distance des grades, que le bon goût sait ne jamais oublier, une douce intimité ne tarde pas à s'établir. Le cœur humain a besoin d'expansion, et quand une estime réciproque préside aux relations, on trouve un charme infini dans l'échange journalier des sentiments et des pensées. J'ai contracté dans ce milieu une dette d'éternelle reconnaissance. Le vice-amiral Hamelin, son chef d'état-major, M. le comte Bouët-Villaumez, son capitaine de pavillon, M. Rigault de Genouilly, m'ont accueilli et traité avec une bonté qui ne s'est jamais démentie. Le souvenir de ces relations n'est pas de ceux que le temps altère. Auprès de MM. de Dompierre d'Hornoy et Michelin, dont la hiérarchie me rapprochait, je ne pensais plus aux fatigues, aux privations qui atteignent le marin, même dans les positions privilégiées.

Les noms du chef d'état-major et du commissaire auraient pu figurer plus souvent dans ce récit. Les mesures qui concernaient les malades étaient toujours discutées entre nous, avant d'être décidées par l'amiral. Il n'y a pas, dans une escadre, de service indépendant. Le chef d'état-major centralise tout ; de plus, nos fonctions ont tant de points de contact avec l'administration, qu'à chaque instant l'intervention du commissariat était indispensable. N'ayant pas eu la pensée de substituer ma personnalité à une action qui nous était commune, j'éprouvais le besoin de fournir ces explications.

En 1855, je passai dans l'état-major de M. le vice-amiral Bruat, où je rencontrai des dispositions aussi favorables. L'amiral, le chef d'état-major, M. Jurien de La Gravière, le capitaine de pavillon, M. Bassière, dont la mort imprévue attrista longtemps nos réunions, me témoignèrent la confiance la plus flatteuse. J'ai voué une profonde reconnaissance à la mémoire de l'amiral.

Je conserve une respectueuse affection pour notre chef d'état-major ; MM. Lejeune et Dieudonné sont devenus mes amis. Sans me faire oublier M. Michelin, M. Boutet, qui lui succéda, m'inspira bientôt les meilleurs sentiments. Son concours était acquis d'avance à toute mesure utile à nos équipages ou à nos malades.

Pourrais-je oublier, dans ce coup d'œil rétrospectif sur mes compagnons de la mer Noire, notre aumônier supérieur, M. l'abbé Cresp, aujourd'hui chanoine de Saint-Denis? Son caractère élevé m'a pénétré d'estime ; sa douceur et sa bonté ont entraîné mon cœur...

J'obéis à un devoir sacré, en exprimant ma satisfaction aux chirurgiens qui ont partagé les fatigues de cette guerre, en payant un tribut de regrets à ceux qui ont été victimes de leur dévouement. Les noms de Tanquerey, Garnier, Macé, Stéphani, Favel, etc., morts à notre champ d'honneur, ne sortiront pas de ma mémoire.

Au milieu des épidémies comme pendant le le combat, j'ai vu de près la science, l'abnégation, l'intrépidité de mes confrères. Je le dis avec un légitime orgueil, le service médical de la flotte a révélé ces mâles vertus qui sont l'honneur de notre art.

N'est-ce pas à un pareil entourage qu'il faut rapporter la bienveillance dont j'ai été l'objet? N'oublions jamais ce passé qui nous est commun.

Il me reste encore à exprimer ma gratitude aux chefs du service de santé de la marine. M. Quoy, notre inspecteur général, pendant la guerre, daigna me prodiguer les éloges les plus encourageants. J'ai puisé dans sa correspondance une bonne partie des forces dont j'avais besoin. M. Reynaud, aujourd'hui son successeur à l'inspection générale, alors directeur au port de Toulon, contribua à rendre ma tâche plus facile par le soin extrême avec lequel il accueillit mes demandes. Suivant avec intérêt les mouvements de la flotte, il assura, avec une grande intelligence du service, l'intégrité de notre personnel, de notre pharmacie et de notre matériel d'hôpital.

Cherbourg, mars 1861.

HISTOIRE MÉDICALE

DE

LA FLOTTE FRANÇAISE

DANS LA MER NOIRE, PENDANT LA GUERRE DE CRIMÉE.

CHAPITRE PREMIER

MOUILLAGE DE BALTCHICK, AVRIL, MAI, JUIN 1854. — COUP D'ŒIL SUR L'ÉTAT SANITAIRE DE L'ESCADRE. — TABLEAUX SYNOPTIQUES DU DEUXIÈME TRIMESTRE DE L'ANNÉE 1854.

Le 7 avril 1854, je fus désigné par le ministre de la marine, pour aller prendre la direction du service de santé, dans l'escadre de la Méditerranée placée sous les ordres de M. le vice-amiral Hamelin.

A mon arrivée dans la mer Noire, je fus frappé de l'uniformité des états pathologiques qui régnaient sur les vaisseaux. L'intermittence se montrait partout, tantôt expression isolée de l'infection paludéenne, tantôt compliquant les phlegmasies. On se rendait compte de cette situation en se rappelant les mouillages de Salamine et de Bésica, qui avaient marqué notre attitude de plus en plus décisive dans la question d'Orient. Chacun de ces mouillages avait été un pas en avant qui nous rapprochait de la Turquie, en donnant la mesure d'une intervention, dont la prise de Sébastopol devait être le dénouement.

Je ralliai, le 10 mai, l'escadre mouillée devant Baltchick, petite ville de la Bulgarie. Un premier succès maritime, la destruction du port militaire d'Odessa, opérée par les frégates à vapeur des marines alliées de France et d'Angleterre, venait d'effacer, en partie, les douloureuses impressions laissées par la lutte si inégale, dont Sinope avait été le théâtre.

Les pavillons de nos vaisseaux flottaient depuis quelque temps dans la mer Noire, lorsqu'un corps d'armée fut transporté de Toulon à Gallipoli sur l'escadre de l'Océan, commandée par M. le vice-amiral Bruat.

La question d'Orient entrait dans une nouvelle phase. Les rôles étaient intervertis. La Turquie se trouvait désormais garantie par nos troupes ; nos escadres sillonnant la mer Noire avaient vainement cherché les vaisseaux russes réfugiés dans le port de Sébastopol.

Cette première croisière des deux marines alliées dans une mer dangereuse, inconnue, au milieu de brumes épaisses, pendant la saison la plus défavorable, prouva que le commandement était exercé par un marin sûr. L'amiral Hamelin eût, dès lors, gagné la confiance de tous, si sa longue carrière n'avait témoigné d'avance de son habileté comme navigateur.

Vers la fin de l'année 1853, l'escadre de la Méditerranée était venue prendre le mouillage de Béïcos dans le Bosphore. Ce point devenant sa base d'opérations, l'amiral ordonna la création d'un hôpital maritime à Thérapia, en prévision des circonstances que devait bientôt créer la déclaration de guerre.

Jusque-là, on avait utilisé pour les besoins de la flotte

l'hôpital français de Constantinople desservi par les sœurs de Saint-Vincent de Paul.

M. Arnaud, chirurgien de première classe, fut chargé de la direction médicale de l'hôpital de Thérapia. Il déploya, dans ces fonctions souvent difficiles, un zèle et une capacité dignes des plus grands éloges.

Mon premier soin fut de prescrire une statistique uniforme pour les comptes rendus mensuels du service de santé. L'absence d'un type universellement accepté rendait très-laborieuse la centralisation, dont j'étais chargé. Le modèle auquel je me suis arrêté, peut satisfaire aux exigences administratives et permet d'embrasser aisément les phases pathologiques d'une escadre. Ainsi que je viens de le dire, pendant ce trimestre, l'infection paludéenne se traduisait par des fièvres intermittentes, rémittentes, pseudo-continues. Il faut ajouter à ce groupe un certain nombre d'affections larvées contre lesquelles le quinquina était tout-puissant. Enfin l'élément intermittent compliquait la plupart des phlegmasies. Cette fâcheuse influence était naturelle après les mouillages de Salamine, de Bésica, même de Béïcos, car la vallée du Grand Seigneur, si agréable à l'œil comme site, n'en est pas moins un foyer de miasmes paludéens.

On ne s'attachait pas avec assez de ténacité à éteindre cet ordre d'affections. Le maniement des préparations de quinquina, de la quinine en particulier, exige une attention et une patience assez rares dans la pratique. On se bornait à couper la fièvre; lorsque quelques jours d'apyrexie avaient rassuré le malade et le médecin, tout traitement était suspendu. Le chiffre des fébricitants acquérait par suite une proportion de plus en plus élevée, après chaque transition de température un peu vive, après chaque jour de pluie.

Il est indispensable d'administrer le quinquina longtemps après la suppression des accès, de huit en huit jours, selon Torti, de quinze en quinze jours, selon Sydenham. Telle est la méthode des médecins qui ont introduit ou généralisé l'emploi de ce précieux médicament. Malgré cette précaution il y a encore quelques cas réfractaires, mais ils sont rares, qui obtiennent du temps et du changement de lieu une guérison que l'écorce du Pérou a été impuissante à produire.

Je généralisai ce traitement à longue portée sur le vaisseau amiral, *la Ville de Paris*. Les germes d'intermittence qui y pullulaient disparurent progressivement. J'appelai l'attention de mes camarades sur ce point, et j'eus bientôt la satisfaction de voir le chiffre des affections paludéennes subir une notable décroissance.

Quelques fièvres typhoïdes présentèrent sur l'*Iéna* et la *Ville de Paris* une intensité peu commune. Des malades furent enlevés inopinément à la fin du premier septénaire. On était tenté de rapporter ces funestes terminaisons à des accès pernicieux, et pourtant la marche parfaitement continue de l'état fébrile, les symptômes abdominaux semblaient exclure la possibilité d'un pareil diagnostic. A côté de ces cas d'une gravité et d'une rapidité exceptionnelles, la plupart de ces fièvres se montraient bénignes.

Cette pyrexie sévissait sur des équipages saturés de miasmes paludéens. Son antagonisme avec les fièvres intermittentes n'a pas reçu la sanction des faits. Il suffit de jeter un coup d'œil sur le tableau qui résume la pathologie de ce trimestre pour en être convaincu.

L'antagonisme entre la fièvre intermittente et la phthisie pulmonaire ne s'est pas trouvé plus confirmé. Le tableau trimestriel signale vingt et un cas de phthisie pulmonaire en traitement sur les navires; nous en avions dix à l'hôpital de Thérapia, dont cinq moururent pendant le mois de mai. L'affection tuberculeuse, qui à bord prend fréquemment la forme galopante, a eu le triste privilége de figurer au premier rang, dans le chiffre des décès.

Soixante-deux hommes furent atteints de variole sur le vaisseau *Marengo*, arrivé récemment de France. Son équipage comptait de nombreux conscrits ; nous le verrons, pendant longtemps, offrir une proportion de malades supérieure à la moyenne des navires de même force. Cette épidémie touchait à sa fin, quand j'arrivai dans l'escadre. Le *Cacique*, frégate à vapeur, était, au même instant, envahi par cette fièvre éruptive. Tandis que, sur le vaisseau, la maladie s'était spontanément déclarée, sur la frégate, son origine remontait à un transport de militaires qui en avaient présenté les premiers cas.

Sur le *Bayard*, régna, pendant le mois de juin, une épidémie de rougeole. Ce vaisseau venait de recevoir un complément d'équipage arrivé sur la corvette *Capricieuse*, qui depuis son départ de Toulon avait la rougeole en permanence. Cette maladie fut remarquable par sa bénignité.

Le scorbut existait dans la flotte dès les mois d'avril, mai et juin. Trente cas figurent dans le tableau trimestriel, quelques-uns disséminés sur divers bâtiments, la plupart concentrés sur le *Bayard*. C'était un fait insolite. On ne rencontre ordinairement cette cachexie que pendant les longues navigations, après l'usage prolongé des vivres de campagne. Les rudes conditions imposées à l'escadre, depuis plus d'un an, les exercices plus fréquents à cause de la guerre, l'influence paludéenne, le séjour forcé à bord pendant l'hiver passé à Béïcos, mesure regrettable motivée par les rixes graves survenues entre les Grecs et nos matelots, avaient été d'incontestables causes prédisposantes. Déjà au mouillage de Bésica, M. Gibert, chirurgien-major de la division, en avait observé quelques cas. L'usage intermittent des vivres frais, dans le Bosphore, avait éteint ces manifestations scorbutiques, qui se reproduisirent pendant la croisière d'hiver dans la mer Noire.

Nous étions au début de la guerre, il fallait compter sur des équipages sains. Le mouillage de Baltchick permettait aux scorbutiques de faire de longues promenades, à l'administration de leur fournir, en abondance, des oranges, des citrons, de la viande fraîche.

Préoccupé de l'avenir, j'adressai à M. le vice-amiral Hamelin une note dans le but de faire intervenir dans l'alimentation des marins, les légumes conservés d'après le procédé de MM. Chollet et Masson. Il me paraissait probable que le scorbut et beaucoup d'affections des voies digestives seraient atténués par un régime à la fois plus rafraîchissant et plus varié.

Les pneumonies et les pleurésies furent communes, pendant ce trimestre. Elles se compliquaient facilement d'accès intermittents. La médication participa de la dualité qu'elle avait à combattre. L'usage des antimoniaux et de la quinine donna les meilleurs résultats.

Pour ce qui concerne la pathologie chirurgicale, je me bornerai à signaler la disposition à l'angioleucite si fréquente, à bord, après les plaies contuses ou par instrument tranchant. Les panaris attirèrent mon attention, à cause de leur gravité. Plusieurs phalanges furent frappées de nécrose.

Telle est l'expression de l'état sanitaire que je trouvai dans l'escadre. Le chiffre de la mortalité sur les vaisseaux comme à l'hôpital de Thérapia, le nombre et l'intensité des maladies, m'inspiraient quelques inquiétudes. Toutefois, les rapports que je recevais des chirurgiens-majors annonçaient de l'amélioration ; ils étaient unanimes sur l'influence heureuse exercée par le retour de la belle saison. L'escadre se trouvait au mouillage ; l'usage des vivres frais éteignait les germes de scorbut survenus pendant la croisière d'hiver. Bien qu'au début des hostilités nos marins eussent éprouvé de grandes fatigues, une navigation des plus pénibles avait coïncidé avec des exercices destinés à mettre nos vaisseaux en état de paraître honorablement devant l'ennemi. Les mouillages de Salamine, de Bésica, de Béïcos, avaient ajouté des germes d'affection paludéenne à toutes les causes déprimantes inséparables de l'état de guerre. En se plaçant à tous ces points de vue, il était permis de ne pas trouver le tableau trop sombre. L'état moral des équipages était excellent. Les corvées s'accomplissaient avec entrain. L'espérance de combats prochains, de victoires certaines, faisait battre les cœurs. Je ne tardai pas à m'associer à la sécurité de mes confrères, alors que nous étions menacés de l'une des épidémies les plus meutrières dont les annales de la science aient fait mention.

Je termine ce premier chapitre par la statistique des maladies qui ont régné pendant le deuxième trimestre de l'année 1854. On y remarquera l'absence de la plupart des frégates et des bâtiments à vapeur. Pendant la seconde moitié de ce trimestre, ces navires opéraient le transport de l'armée de Gallipoli à Varna. Arrivé depuis peu de temps sur la *Ville de Paris*, je n'avais pas eu la possibilité de faire parvenir à tous les chirurgiens-majors les ordres de service auxquels ils se conformèrent dans la suite.

Il ressort de cette statistique que les affections rhumatismales occupaient une grande place dans notre cadre nosologique. Pendant les deux ans passés dans la mer Noire, j'ai constamment observé que, relativement rares au moment des grands froids, elles se montraient avec prédilection en automne et au printemps.

TABLEAUX

AVRIL, MAI, JUIN 1854.

ESCADRE DE LA MER NOIRE

STATISTIQUE TRIMESTRIELLE.

Avril, Mai, Juin 1854.

NOMS DES BATIMENTS.	NOMBRE DES MALADES.	REMIS A LEUR SERVICE.	ENVOYÉS A THÉRAPIA.	RENVOYÉS EN FRANCE.	MORTS A THÉRAPIA.	MORTS A BORD.	EFFECTIF DES ÉQUIPAG.
Marengo......	453	383	20	5	2	2	636
Ville de Paris	325	269	11	10	1	6	1100
Friedland ...	317	258	10	9	2	6	1120
Valmy.......	294	234	14	6	1	4	1109
Charlemagne.	268	224	6	5	3	»	828
Iéna	263	215	6	2	2	10	933
Jupiter......	195	152	10	3	4	5	821
Bayard......	315	274	8	5	1	2	894
Henri IV.....	210	170	3	8	»	1	967
Caton.......	72	64	2	3	»	1	0
Cacique	170	154	4	3	1	1	264
Mogador.....	110	99	5	»	»	»	314
Totaux.	2992	2496	99	59	17	38	9176

DÉSIGNATION DES MALADIES.	Marengo.	Ville de Paris.	Friedland.	Valmy.	Charlemagne.	Iéna.	Jupiter.	Bayard.	Henri IV.	Caton.	Cacique.	Mogador.
Fièvres typhoïdes............	11	9	18	1	1	6	2	»	3	»	1	»
Fièvres pseudo-continues........	»	»	6	»	»	»	»	»	»	»	»	»
Fièvres intermittentes simples.....	164	141	50	88	56	25	26	30	26	9	12	30
Fièvres pernicieuses.............	»	»	»	»	»	»	»	»	»	»	5	»
Varioles.....................	62	»	»	»	»	»	»	22	»	»	»	»
Rougeoles....................	»	1	»	»	»	»	6	9	»	»	»	1
Scorbut.....................	3	»	4	3	»	»	5	»	»	»	»	»
Pleurésie....................	13	4	19	1	5	18	1	7	2	5	2	»
Pneumonie	6	4	4	»	3	13	4	12	3	»	1	»
Phthisie pulmonaire	3	1	7	1	»	»	8	»	»	»	1	»
Dyssenterie.................	»	8	3	3	6	»	»	»	»	2	38	19
Diarrhée....................	25	56	34	25	29	29	21	17	42	1	4	»
Rhumatisme.................	25	18	6	7	3	5	10	11	12	»	»	»
Névralgie...................	»	8	5	»	»	»	»	»	»	4	48	13
Maladies diverses.............	»	»	»	3	31	56	»	88	»	»	»	»
Blessés...................	114	70	152	154	117	92	109	118	118	49	49	43
Vénériens..................	11	3	3	5	8	»	2	1	4	»	4	1
Maladies de la peau	16	2	6	3	9	12	7	»	»	2	5	»
Totaux......	453	325	317	294	268	262	195	315	210	72	170	107

CHAPITRE II

MOUILLAGE DE BALTCHICK, JUILLET ET AOUT 1854.
ÉPIDÉMIE DE CHOLÉRA.

Pendant les mois de juillet et d'août 1854, la pathologie fut dominée par l'épidémie de choléra, qui fit tant de victimes dans les armées de terre et de mer. L'importance d'un pareil sujet exige une exposition spéciale.

Les provinces méridionales de la France furent le point de départ de l'épidémie que nous observâmes en Orient. C'est sur les paquebots des messageries impériales partis de Marseille que se déclarèrent les premiers cas de choléra signalés dans la Méditerranée : c'est encore sur des malades déposés par ces paquebots à l'hôpital de Gallipoli que se manifestèrent les premiers symptômes cholériques observés dans les Dardanelles. Bientôt le fléau asiatique se répandit en ville et dans les camps, où il fit sa première moisson de victimes dans tous les rangs de l'armée.

Les convalescents renvoyés de l'hôpital de Gallipoli importèrent cette affection sur nos bâtiments d'abord, et à l'hôpital de Varna ensuite.

Les vapeurs qui avaient opéré ce transport arrivèrent à Baltchick dans les premiers jours de juillet. Le *Primauguet* et le *Magellan* sont les chaînons intermédiaires de cette ligne pathologique qui a relié un instant les ports de la Bulgarie aux ports du midi de la France.

Le *Primauguet* avait reçu un certain nombre de militaires convalescents sortis de l'hôpital de Gallipoli. Trois cas de choléra se déclarèrent parmi eux dans la traversée de Gallipoli à Varna. Ces trois cas furent mortels en quelques heures. Un matelot sortant du même hôpital présenta les mêmes symptômes, mais sa mort un peu retardée n'eut lieu qu'à l'hôpital de Varna.

Continuant sa route vers l'escadre, le *Primauguet* vint mouiller au milieu de nous, à Baltchick, le 13 juillet au soir.

Pendant la nuit, un chauffeur fut pris de choléra : il expira à 11 heures du matin, le lendemain.

Ce bâtiment avait, en sus de son équipage, quarante matelots canonniers destinés aux divers vaisseaux. Il se trouvait sous l'influence épidémique qui régnait à Gallipoli, qui commençait à régner à Varna. Il était impossible de maintenir une pareille agglomération d'hommes sur un bâtiment n'ayant pour son équipage qu'un emplacement à peine suffisant. L'ordre fut donné au *Primauguet* de mouiller près de la côte, à une lieue de nos vaisseaux, et d'installer, à terre sous des tentes, ses malades et son équipage. On ne devait laisser à bord que le nombre de marins indispensables pour la garde et la propreté.

Le 14 juillet, les matelots du *Primauguet* établissaient gaiement leur campement. La distraction qui résultait du changement de lieu réagissait favorablement sur leur esprit.

Malgré la dissémination des hommes sous des tentes

dressées avec le plus grand soin, parfaitement aérées, le choléra ne suspendit pas ses coups. Du 14 au 31 juillet, vingt individus furent atteints, treize succombèrent. Pendant mes visites journalières, je n'ai eu que des éloges à donner aux trois officiers de santé (1) qui, affectés à ce service, déployèrent un dévouement infatigable.

Ainsi se termina cette épidémie restée circonscrite en face d'une escadre nombreuse. L'équipage fut mis à bord progressivement ; bientôt des circonstances impérieuses, dont je vais parler, ne permirent plus de tenir ce bâtiment en dehors du service actif.

Pour compléter le prologue de notre grande épidémie, je dois dire quelques mots des manifestations cholériques dont la frégate à vapeur *Magellan* fut le théâtre presque en même temps (2).

C'est encore dans le Bosphore que le premier cas de choléra se montra sur le *Magellan*, le 14 juillet. Un passager militaire, faisant partie d'un convoi de convalescents expédiés de Gallipoli à Varna, fut foudroyé en quelques heures. Plusieurs cholérines sans gravité se montrèrent ensuite, de sorte que le *Magellan*, après avoir accompli sa mission, vint mouiller sur la rade de Baltchick, le 18 juillet, sans avoir à regretter d'autres victimes.

Peu d'heures après son arrivée, j'étais prévenu qu'un contre-maître mécanicien et que l'infirmier-major se trouvaient frappés par la maladie qui les emportait en cinq ou six heures.

(1) MM. Bourgarel, chirurgien de première classe. — Riou, chirurgien de deuxième classe. — Normand, chirurgien de troisième classe.
(2) M. Pellegrin, chirurgien-major.

L'escadre présentait une immunité presque absolue. Dans l'espoir d'empêcher l'union d'un nouvel anneau à la chaîne cholérique, qui s'étendait de Gallipoli à Varna, je provoquai la mise en quarantaine du *Magellan*. Cette mesure fut couronnée de succès ; il n'y eut plus un seul décès dans cet équipage, du moment qu'il eut installé un campement sur la côte, à la distance d'un quart de lieue du *Primauguet*. L'épidémie ne se réveilla sur cette frégate qu'à la suite du transport de deux cent vingt-trois cholériques qu'elle prit à Mangalia pour les déposer à Varna.

Jusqu'à ce moment, les mesures préventives avaient paru efficaces. Pendant que des cas de choléra se montraient sur deux bâtiments, le reste de l'escadre jouissait de toute l'immunité désirable, alors que l'épidémie régnait dans l'hôpital de Varna, alors surtout, qu'à peu de distance, nos colonnes étaient cruellement éprouvées dans la Dobrutscha. Cette immunité ne fut pas de longue durée et, du reste, elle n'était pas absolue, je le répète.

Le 22 juillet, le chirurgien-major du vaisseau *Bayard* (1), mouillé sur la rade de Varna, m'avait signalé quelques cas de choléra d'intensité moyenne terminés heureusement.

Le 28 juillet, le *Valmy*, qui se trouvait sur la même rade, avait deux hommes enlevés en quelques heures. Le lendemain, deux autres matelots, frappés avec la même violence, succombaient rapidement. Le jour suivant, le chiffre des cholériques augmentait.

---

(1). M. Azan, chirurgien-major.

L'amiral Lugeol, dont le *Valmy* portait le pavillon, sollicita l'autorisation de rallier Baltchick pour organiser à terre un campement destiné à ses malades. Il imitait la mesure déjà adoptée pour le *Primauguet* et le *Magellan*.

A côté de ces deux vaisseaux, le *Charlemagne* mouillé en face du même foyer n'avait rien éprouvé de grave. Comme tous les vaisseaux mouillés à Baltchick, il subissait une influence qui se traduisait par de fréquents dérangements intestinaux parmi les hommes de son équipage. Il faut même ajouter que quelques cas de choléra, rares et isolés, avaient attiré mon attention. Sur le vaisseau amiral *la Ville de Paris*, les cholérines avaient fait leur apparition dès le 19 juillet : le 31 un cas de choléra foudroyant s'y montrait, ainsi que sur le *Jean-Bart* et le *Friedland*.

En se souvenant de ce qui s'était passé à Gallipoli, en réfléchissant sur ce qui avait lieu à Varna, ce bilan paraissait avec raison bien restreint.

Le *Primauguet* et le *Magellan*, qui avaient fait l'évacuation des convalescents de Gallipoli sur Varna, le *Valmy* en station devant une ville en proie au fléau asiatique, constituaient seuls des exceptions. On ne négligea, dès lors, aucune des mesures hygiéniques compatibles avec notre situation.

Ici, deux faits méritent une mention : d'une part, le passage à Baltchick, des deux premières divisions de l'armée, au retour de leur malheureuse expédition dans la Dobrutscha; d'autre part, le transport des malades de ces deux divisions laissés à Mangalia et à Kustingé.

Le 7 août, la troisième division, commandée par le

général Bosquet, vint camper au-dessus de Baltchick. Elle n'avait pas souffert autant que les deux précédentes, surtout que la première. Chaque jour néanmoins, elle fournissait un certain nombre de victimes; nous dûmes opérer le transport de quatre-vingts cholériques destinés à l'hôpital de Varna.

Cette division resta en face de nous pendant deux jours. Des communications fréquentes, obligées, s'établirent entre elle et l'escadre. Le jour de son départ, le choléra s'abat avec une intensité inouïe sur les vaisseaux.

La première division, que le général Canrobert était allé rejoindre dans ces tristes circonstances, n'arriva à Baltchick qu'au moment de notre appareillage.

Cette exposition semble fournir des arguments favorables à l'opinion des contagionnistes. Il serait difficile à un esprit aussi peu prévenu que le mien, en pareille matière, de ne pas être frappé du mode de propagation de cette épidémie. Pour ne rien négliger dans l'appréciation de sa marche, je vais citer quelques faits en opposition avec la loi générale qui paraît ressortir de cette narration.

Le *Friedland* (1) et le *Jean-Bart* (2) faisaient partie d'une croisière sur les côtes de Crimée avec quelques vaisseaux placés sous les ordres du vice-amiral Bruat. Ils arrivent sur la rade de Baltchick et, avant toute communication avec la terre ou même avec l'es-

---

(1) M. Gourier, chirurgien-major.
(2) M. Mauger, chirurgien-major.

cadre, ils présentent, chacun, un cas de choléra. A ce moment, le choléra n'existait, du reste, ni dans l'escadre, ni dans la ville de Baltchick.

En y regardant de près, on pourrait expliquer l'apparition de ces deux cas, sans heurter la doctrine qu'inspire l'observation des faits précédents. La veille du jour de leur manifestation sur ces deux vaisseaux naviguant en vue des côtes de la Bulgarie, un violent orage soufflait du nord-ouest, c'est-à-dire dans la direction de la Dobrutscha, où se trouvait la première division. Mais, en admettant ce transport des miasmes contagieux par le vent, à longue distance, comment deux cas seulement se manifestent-ils sur sept vaisseaux?

Un autre fait mérite attention. Plusieurs de nos frégates à voile ou à vapeur avaient été désignées pour le transport des cholériques laissés, soit à Mangalia, soit à Kustingé. Les unes ont transporté deux cents cholériques, les autres trois cents, d'autres enfin cinq et six cents. En confiant cette mission délicate à ces bâtiments, le vice-amiral Hamelin éprouvait les plus vives appréhensions. Un devoir impérieux interdisait toute prudence; il fallait donner des soins à ces pauvres soldats laissés en arrière, il fallait sauver du désespoir de nobles enfants de la France, qui ont pu se souvenir, un instant, du triste sort des pestiférés de Jaffa.....

Tirons un voile sur les scènes lugubres de ce navrant épisode gravé infailliblement dans la mémoire de ceux qui ont survécu. La guerre a parfois de cruelles nécessités !

Les médecins de la marine déployèrent la plus

grande fermeté, le plus noble dévouement dans l'accomplissement de cette mission. Les officiers et les matelots se transformèrent en véritables sœurs de charité, tant ils furent empressés à soigner, à consoler les malheureux, qui, livrés aux tortures du choléra, encombraient les ponts.

Nos sinistres prévisions ne se réalisèrent qu'en partie : à la suite de ce transport, la *Calypso* (3), qui avait reçu six cents cholériques, sur lesquels soixante-dix-neuf succombèrent pendant le court trajet de Mangalia à Varna, ne perdit que cinq hommes de son équipage. Le *Descartes* (2), qui avait porté cent quatre-vingts cholériques, en constatant trente et un décès pendant le même trajet, n'eut, après leur débarquement, qu'un seul mort à enregistrer parmi les matelots.

Le *Magellan* fut plus maltraité : l'accumulation de deux cent vingt-trois cholériques réveilla l'épidémie que l'évacuation du navire avait enrayée les jours précédents. Le *Cacique* (3) n'eut qu'un cas mortel, le *Pluton*, trois, le *Primauguet* et quelques autres navires jouirent d'une immunité absolue.

On peut dire pour le *Primauguet* qu'il venait de subir une épidémie, qu'il avait perdu l'aptitude à en contracter une nouvelle. Mais le *Magellan* s'inscrit contre cette manière de raisonner.

Comment expliquer la faible mortalité de la *Calypso*, du *Descartes*, du *Cacique*, l'immunité de certains bâti-

(1) M. Leconiat, chirurgien-major.
(2) M. Olivier, chirurgien-major.
(3) M. Louvel, chirurgien-major.

ments qui n'avaient pas eu le fâcheux privilége d'une épidémie antérieure?

Tel a été le prélude de la grave épidémie dont je vais maintenant faire l'histoire.

Pendant les premiers jours d'août, l'influence cholérique se généralisait sur presque tous les bâtiments. Des cas de choléra bien caractérisés y apparaissaient comme les avant-coureurs de l'horrible drame auquel nous allons assister.

Le 9 août, le choléra épidémique régnait sur la flotte. Son invasion s'opérait dans une proportion inusitée. En quelques heures la deuxième batterie du *Montebello* et de la *Ville de Paris* se trouvait métamorphosée tout entière en hôpital. Un grand nombre de matelots se vouaient généreusement au service de l'infirmerie. Ce même jour, un orage, aussi violent que celui qui s'était manifesté le 29 juillet, nous surprit au mouillage. Une forte brise de nord-ouest passant, avant de nous arriver, sur la première division, séparée par quelques lieues de la ville de Baltchick, s'abattit sur l'escadre.

Je cherche à préciser les conditions météorologiques qui ont coïncidé avec l'invasion de la maladie, quelle qu soit la difficulté d'en tirer une conclusion satisfaisante. Les premiers cas de choléra s'étaient manifestés en mer, dans la division du vice-amiral Bruat, après un orage qui avait passé sur la Dobrutscha; le 9 août l'invasion de l'escadre presque tout entière coïncidait encore avec un orage et un vent de nord-ouest, soufflant du côté d'un foyer cholérisé.

Pourquoi deux cas seulement se sont-ils montrés en

mer, dans des circonstances à peu près identiques au point de vue météorologique, sur le *Friedland* et le *Jean-Bart*? Pourquoi, lorsque la plupart des bâtiments sont violemment atteints par l'épidémie à Baltchick, quelques-uns, comme le *Henri IV*, les frégates à vapeur, n'offrent-ils qu'un petit nombre de cas isolés?

Pour donner une idée exacte de la violence de cette invasion, je vais signaler la proportion des malades et des décès sur certains vaisseaux. (Voyez le tableau.)

JUILLET ET AOUT 1854.

Tableau de la marche de l'épidémie.

DATES.	VILLE DE PARIS.		MONTEBELLO*		FRIEDLAND.		SUFFREN **		VALMY ***	
	Nombre des cholériques.	Décès.	Nombre des cholériques.	Décès.	Nombre des cholériques.	Décès.	Nombre des cholériques.	Décès.	Nombre des cholériques.	Décès.
1er août.	»	»	»	»	2	»	»	»	»	»
2 —	»	»	»	»	»	2	1	»	»	»
3 —	1	»	»	»	1	»	2	»	»	»
4 —	»	»	»	»	1	1	1	1	»	»
5 —	1	»	»	»	»	»	»	»	»	»
6 —	1	1	»	»	»	»	»	»	»	»
7 —	1	1	»	»	12	2	»	»	»	»
8 —	1	2	»	»	10	4	»	»	58	1
9 —	3	1	36	»	4	2	»	»	77	35
10 —	76	15	131	23	22	4	9	»	45	8
11 —	105	56	126	63	13	4	13	8	32	11
12 —	56	28	30	30	12	8	12	6	27	6
13 —	22	17	34	15	6	7	4	1	10	3
14 —	17	9	3	12	3	4	7	3	5	2
15 —	9	6	1	7	1	2	1	1	8	5
16 —	9	5	»	7	1	1	5	1	3	1
17 —	6	1	»	2	»	»	»	»	1	1
18 —	»	4	»	2	1	»	»	»	1	1
19 —	1	»	»	3	»	»	»	»	»	»
20 —	»	»	»	»	»	»	»	»	»	2
21 —	»	1	»	»	»	»	»	»	»	1
22 —	»	3	»	»	»	»	»	»	2	2
23 —	»	»	»	»	»	»	»	»	»	»
24 —	»	»	»	»	»	»	»	1	»	»
25 —	»	»	»	»	»	»	»	»	»	»
Totaux.	309	150	361	164	89	41	55	22	269	79

* M. Beau, chirurgien-major, aujourd'hui second chirurgien en chef.
** M. Mongrand, chirurgien-major.
*** M. Bourgarel, chirurgien-major, récemment arrivé dans l'escadre par le *Primauguet*. Avant l'embarquement de ce médecin, du 28 juillet au 1er août, le *Valmy* avait eu vingt-cinq cholériques, dont dix-sept avaient été dirigés sur l'hôpital de Varna. Sous l'influence du changement de lieu dont j'ai parlé, l'épidémie suspendit ses coups sur ce vaisseau, pour présenter bientôt une recrudescence.

Les vaisseaux à trois ponts ont été le plus maltraités. Le *Montebello* figure au premier rang, puis viennent, dans une proportion descendante, la *Ville de Paris*, le *Valmy*, enfin le *Friedland*.

Sur les vaisseaux de deuxième rang, l'épidémie s'est montrée avec moins d'intensité.

Les vaisseaux de troisième rang, à l'exception de la *Ville de Marseille*, ont payé un large tribut à la mortalité. Le *Marengo* (1) a éprouvé des pertes supérieures relativement à celles de plusieurs vaisseaux à trois ponts.

J'ai souvent réfléchi sur ces résultats déplorables et variés. Sur quatre vaisseaux de premier rang, comment expliquer la différence, soit dans le chiffre des cas de choléra, soit dans celui des décès? Le vaisseau le plus neuf (*Ville de Paris*) et le vaisseau le plus vieux (*Montebello*) sont le théâtre de l'épidémie la plus meurtrière pour des équipages composés d'éléments identiques.

Le *Charlemagne* (2) a une épidémie bénigne. Le *Jean-Bart*, vaisseau mixte comme le précédent, naviguant depuis le même temps environ, présentant la même composition d'équipage, subit une épidémie qui, sans frapper du premier coup avec autant de violence que sur le *Montebello* et la *Ville de Paris*, se montre plus rebelle, et d'une extirpation plus difficile.

Deux vaisseaux d'égale force, d'une construction ancienne tous deux, armés dans les mêmes conditions, naviguant dans les mêmes parages, soumis aux mêmes

(1) M. Bouffier, chirurgien-major.
(2) M. Ollivier, chirurgien-major, aujourd'hui médecin professeur.

règles d'hygiène, la *Ville de Marseille* et l'*Alger*, sont très-différemment traités.

L'esprit humain a besoin d'explications. Pour se rendre compte de ces étranges dissemblances, on s'est livré à des raisonnements plus ou moins plausibles. J'ai hasardé moi-même certaines interprétations, mais en faisant entrer tous les éléments qui doivent figurer dans ces études comparatives, j'avoue que je ne suis arrivé qu'à des conclusions contradictoires.

Ce qui ressort de cette exposition, c'est la rapidité foudroyante de l'invasion de cette épidémie, qui, en huit jours, a moissonné huit cents marins sur un effectif de treize mille hommes. La brusquerie de sa période d'augment ne peut se comparer qu'à la brusquerie de sa période de déclin.

Je ne m'arrêterai pas à la description minutieuse d'une maladie aujourd'hui connue de tout le monde. Le choléra-morbus a pris droit de cité dans nos cadres nosologiques. Quelques particularités me paraissent toutefois dignes de mention.

Le fait le plus saillant qui s'est dessiné pendant cette épidémie, est la forme plus spéciale qu'a présentée parfois le choléra et qui mériterait la dénomination de tétanique. L'expression clonique, appliquée aux convulsions qui se montrent ordinairement, ne rendrait qu'imparfaitement les symptômes observés. Chez les individus atteints de cette forme tétanique, et ils ont été nombreux pendant les premiers jours surtout, l'affection était mortelle en quelques heures. Les secousses tétaniques se répétaient à des intervalles de plus en plus rapprochés. Chaque attaque était suivie d'une dépression marquée dans la circulation et la température. On eût dit l'image fidèle de l'empoisonnement par la strychnine : en trois ou quatre heures un corps plein de vie et puissant passait à l'état de cadavre. Les constitutions athlétiques ont incliné vers le type que je décris. Le plus souvent alors, les vomissements et les selles étaient peu nombreux.

L'analogie de ces symptômes avec ceux de l'empoisonnement par la strychnine me disposa à essayer de la médication substitutive. J'administrai les préparations de noix vomique ; jamais il ne me fut possible de modifier la scène douloureuse à laquelle j'assistais. L'intestin restait inerte. Pendant l'algidité accompagnée de secousses tétaniques, j'ai donné vainement, dans le but de réveiller les vomissements et les selles, l'ipéca ou le tartre stibié. Aucune substance ingérée n'était suivie d'un résultat thérapeutique. L'action physiologique, qui révèle au moins l'absorption, ne se manifesta pas davantage.

Au-dessous de ce type ont figuré, dans une moindre proportion, les choléra spasmodiques proprement dits, ceux où la phlegmorrhagie intestinale s'éclipsait devant la violence des crampes siégeant aux membres supérieurs, aux membres inférieurs, aux muscles du tronc. Sur plusieurs vaisseaux, cette forme a été prédominante.

L'absence ou la diminution d'un symptôme important dans les épidémies a, depuis longtemps, attiré l'attention des praticiens. Les *morbillæ sinè morbillis* les *variolæ sinè variolis* nous offrent des termes de comparaison. Dans ce cas, une compensation s'établissait : les malades perdaient par la peau les sérosités qu'ils n'éliminaient point par les selles et les vomissements.

La forme phlegmorrhagique est, en définitive, restée la plus fréquente sur la *Ville de Paris* et sur la majorité des bâtiments.

La diarrhée et les vomissements ouvraient la scène, en s'accompagnant de crampes qui arrachaient des cris aux malades. Un froid glacial envahissait les extrémités inférieures et supérieures, la langue, le nez, les oreilles, les joues qui ne tardaient pas à se creuser profondément; une sueur glacée macérait le derme, le pouls disparaissait, la voix perdait son timbre, l'œil se retirait sous l'orbite, se cerclait en noir, la cornée se déviait en haut sous la paupière supérieure légèrement rétractée. L'émaciation se prononçait, les urines restaient supprimées, le patient s'éteignait en neuf ou dix heures.

Quelques-uns de mes confrères ont cru remarquer la persistance de la sécrétion urinaire pendant l'algidité. Pour ma part, j'ai questionné les nombreux malades observés, sur la *Ville de Paris* comme ailleurs; je puis affirmer que la suppression des urines a été la règle. Pendant toute l'épidémie, j'ai attaché une grande importance à leur apparition : au point de vue du pronostic ce signe, toujours favorable, n'a été que très-exceptionnellement en défaut.

Ma conclusion est explicite; sur la *Ville de Paris*, sur la majorité des bâtiments de l'escadre, la suppression des urines a été habituelle pendant l'algidité. Leur réapparition a fourni l'un des meilleurs éléments du pronostic favorable.

La diarrhée prémonitoire a-t-elle constamment donné l'éveil? Cette question diversement résolue par les pathologistes n'a pas trouvé plus d'accord parmi les chirurgiens-majors de l'escadre.

Il faut convenir que la diarrhée se montre avec fréquence pendant les épidémies de choléra. On ne saurait affirmer que toute diarrhée est destinée à devenir un choléra, ce qui n'empêche pas d'admettre que souvent la diarrhée est l'avant-coureur de symptômes plus graves. Tout à fait au début de l'épidémie, la diarrhée prémonitoire était constante; il en a été de même à son déclin. A l'instant de sa plus forte intensité, j'ai vu beaucoup d'hommes sidérés par le mal, sans la moindre perturbation digestive antérieure.

Sur quelques vaisseaux, le délire a été une complication assez commune : l'*Alger* en a offert les exemples les plus nombreux. Il ne s'est manifesté que trois fois sur la *Ville de Paris*.

La cyanose a été constante, avec des degrés variables.

J'ai pu préciser avec rigueur la durée de la maladie sur deux vaisseaux. Bien que ce détail important n'ait pas été noté avec un soin égal sur les autres navires, les comptes rendus des chirurgiens-majors m'ont permis d'avancer que la durée n'avait pas présenté de différence sensible, la mort étant la terminaison.

En jetant un coup d'œil sur le tableau suivant, on s'apercevra que la durée ordinaire a été de huit, neuf, dix et onze heures. Les cas les plus foudroyants se sont terminés en trois heures.

Lorsque l'on fait entrer en ligne de compte le choléra à réaction imparfaite, ou à réaction typhoïde, la moyenne de la durée s'exprime par trente-une heures. En bornant ce calcul aux cas malheureux de la journée la plus meurtrière, celle du 11 août, la moyenne n'est que de douze heures.

Tableau de la durée de la maladie.

DE L'INVASION A LA MORT.	VILLE DE PARIS.	FRIEDLAND.	DE L'INVASION A LA MORT.	VILLE DE PARIS.	FRIEDLAND.
3 heures.	2	»	25 heures.	3	»
4 —	2	»	27 —	5	»
5 —	1	»	30 —	2	»
6 —	4	2	32 —	»	2
7 —	7	1	35 —	2	»
8 —	15	»	38 —	2	1
9 —	13	3	40 —	3	1
10 —	14	2	46 —	1	»
11 —	10	2	2 jours.	7	5
12 —	9	4	3 —	4	4
13 —	7	2	4 —	2	1
14 —	2	1	5 —	2	2
15 —	10	1	6 —	1	2
18 —	8	1	7 —	2	»
20 —	2	3	9 —	2	»
22 —	2	»	11 —	2	1
24 —	3	3			

A bord de la *Ville de Paris*, les décès ont eu lieu presque exclusivement pendant la période algide. Je ne compte que quinze décès survenus après la réaction, soit compliquée par un état typhoïde, circonstance rare sur ce vaisseau, soit imparfaite et faisant bientôt place à une algidité nouvelle.

J'ai classé les décès de la *Ville de Paris*, du *Friedland*, de l'*Alger* et du *Marengo*, selon la période de la maladie.

Tableau des décès aux diverses périodes.

NOMS DES BATIMENTS.	DÉCÈS Pendant la période ALGIDE.	DÉCÈS après une réaction INCOMPLÈTE.	DÉCÈS pend^t une réaction TYPHOÏDE.	TOTAL.
VILLE DE PARIS.	136	10	5	151
FRIEDLAND.	29	11	4	44
ALGER (1)	35	»	21	56
MARENGO	54	»	45	99

Cette classification ne donne pas des résultats semblables sur ces quatre vaisseaux. Le *Friedland* et la *Ville de Paris* se rapprochent, quoique les réactions incomplètes soient relativement plus fréquentes sur le premier de ces bâtiments. Au contraire, l'*Alger* et le *Marengo* ont perdu presque un nombre égal de malades pendant l'algidité et l'état typhoïde consécutif.

L'agglomération des malades sur le *Marengo*, dont l'épidémie fut très-intense, peut rendre compte de cette disposition. Quant à l'*Alger*, il avait subi, vers la fin du mois de juillet, une avalanche de fièvres typhoïdes qui avaient nécessité l'évacuation de ses malades sur l'hôpital de Thérapia. Je suis disposé à croire que cette circonstance a augmenté la proportion de ce genre de réaction.

(1) M. Leroy de Méricourt, chirurgien-major, aujourd'hui médecin professeur à l'École de médecine navale de Brest.

Quelques épiphénomènes méritent d'être cités.

Trois fois j'ai constaté sur la *Ville de Paris* des parotides que se sont terminées par suppuration.

Quatre fois, une éruption de roséole s'est montrée pendant la période de réaction.

Une fois seulement, l'urticaire s'est manifestée dans les mêmes circonstances.

Chez un cholérique algide, j'ai noté un emphysème du cou et de la partie supérieure de la poitrine. Cet accident se rapportait, je suppose, à la déchirure de quelques vésicules pulmonaires, pendant les efforts d'inspiration provoqués par la période asphyxique.

Sept à huit fois, des vers lombricoïdes ont été expulsés par la bouche. Deux mousses en ont même rendu à la fois par les selles et les vomissements.

Cinq cholériques ont présenté une coloration ictérique des plus prononcées.

J'ai cru qu'il n'était pas sans intérêt de noter les fonctions à bord des malades et des morts.

GRADES ET EMPLOIS.	VILLE DE PARIS.		FRIEDLAND.		ALGER.		SUFFREN.		VILLE DE MARSEILLE (1)	
	Atteints du choléra.	Morts.	Atteints du choléra.	Morts.	Atteints du choléra.	Morts.	Atteints du choléra.	Morts.	Atteints du choléra.	Morts.
Officiers	1	»	»	»	»	»	»	»	»	»
Aspirants	»	»	»	»	»	»	»	»	»	»
Premiers maîtres	»	»	»	»	»	»	2	1	»	»
Seconds maîtres	»	»	»	»	»	»	2	1	»	»
Q^rs-maît. canonniers	6	4	»	»	»	»	»	»	»	»
Q^rs-maît. de manœuvr.	9	3	»	»	»	»	1	1	»	»
Q^rs-maît. voiliers	1	»	»	»	»	»	»	»	»	»
Gabiers	30	13	13	9	7	3	5	4	»	»
Canotiers	75	33	20	9	44	23	6	2	7	5
Chefs de pièce	12	7	5	2	6	4	4	1	»	»
Chargeurs	15	5	10	5	3	3	2	2	1	1
Servants	27	12	18	10	12	8	12	3	1	1
Homm. de la garde	41	22	8	2	10	7	5	2	»	»
Fourriers	2	1	1	»	»	»	»	»	»	»
Timoniers	8	4	2	»	»	»	»	»	»	»
Matelots-ouvriers	10	5	1	1	»	»	4	2	1	1
Peintres	10	5	6	3	»	»	2	1	»	»
Mousses et novices	22	7	7	3	9	4	6	1	»	»
Caliers	2	2	»	»	4	4	2	»	»	»
G^diens des faux-ponts	4	4	»	»	»	»	»	»	»	»
Boulangers	1	1	»	»	»	»	»	»	1	1
Tambours et fifres	2	1	»	»	»	»	»	»	»	»
Maîtres d'hôtel	2	2	»	»	»	»	»	»	»	»
Cuisiniers	7	5	»	»	»	»	3	1	»	»
Domestiques	2	1	»	»	»	»	»	»	»	»
Cambusiers	2	2	»	»	»	»	»	»	»	»
Musiciens	2	2	»	»	»	»	»	»	»	»
Soldats de marine	16	10	»	»	»	»	»	»	»	»
Totaux	309	151	91	44	93	56	56	22	11	9

L'épidémie a exercé ses plus grands ravages parmi les marins attachés au service des embarcations, service qui, à Baltchick, était fort rigoureux.

(1) M. Roubin, chirurgien-major, aujourd'hui chirurgien professeur.

Pour faire contraste, les hommes de la garde, moins exposés aux fatigues, plus sédentaires, ont été frappés dans une large proportion, sur la *Ville de Paris* principalement.

Les gabiers et les peintres, retenus par leurs fonctions à l'extérieur du bord, sont loin d'avoir joui de l'immunité.

Nous n'avons eu que deux victimes dans les états-majors. Ce fait emporte avec lui sa signification. Il témoigne évidemment de la puissance du bien-être et de l'observation des règles de l'hygiène en temps d'épidémie.

Je termine cette relation par le tableau des décès sur les divers bâtiments.

Tableau des décès (1).

Ville de Paris	150	Report	569
Montébello	164	Iéna	5
Friedland	44	Alger	54
Valmy	87	Marengo	97
Bayard	22	Primauguet	13
Charlemagne	4	Magellan	9
Jean-Bart	41	Calypso	5
Henri IV	5	Descartes	1
Suffren	21	Cacique	1
Ville de Marseille	9	Pluton	3
Jupiter	22		
A reporter	569	Total	757

(1) Ce total ne s'applique qu'aux navires qui vinrent mouiller à Baltchick, pendant l'épidémie. Nos pertes à Varna et dans le Bosphore n'y figurent pas.

CHAPITRE III

MESURES HYGIÉNIQUES. — MOYENS DE MÉDICATION ADOPTÉS PENDANT L'ÉPIDÉMIE DE CHOLÉRA.

Nous vivions depuis quelque temps sous l'imminence de l'épidémie qui fit explosion au commencement du mois d'août. Après avoir esquissé les phases par lesquelles nous sommes passés, je dois signaler avec reconnaissance l'empressement que je rencontrai chez l'amiral Hamelin dans l'application des mesures préventives jugées opportunes.

La saison était ardente ; plus qu'ailleurs nous en ressentions les effets à Baltchick, où la température est augmentée par le rayonnement des blanches falaises qui bordent la mer.

Les exercices furent suspendus ou singulièrement adoucis. Les corvées indispensables pendant l'état de guerre furent seules maintenues.

Les équipages faisaient le quart par division. La tenue de laine était prescrite pour la nuit, dont la froideur et l'humidité contrastaient avec la chaleur accablante du jour. Le costume se modifiait, avec intelligence, selon les variations atmosphériques habituelles dans cette saison et dans ces parages.

Qu'il me soit permis, à ce sujet, de faire une remarque digne, à mes yeux, de la sollicitude de l'administration.

Le gilet de flanelle fait partie du bagage du militaire, en Afrique et dans nos colonies. Pourquoi cette pièce importante du vêtement manque-t-elle au matelot qui est plus exposé aux intempéries? La chemise de laine est utile, mais insuffisante pour prévenir les brusques refroidissements auxquels sont en butte les hommes de mer.

La nourriture a été l'objet de réformes salutaires. Le vice-amiral Hamelin contribua à son amélioration en obtenant du ministre l'envoi de légumes préparés par le procédé Masson. Pendant ces mauvais jours, notre provision fut épuisée. Je constatai l'heureux effet de leur intervention dans l'alimentation du bord. Sur ma demande, ces légumes ont fait partie de la ration, pendant toute la campagne.

Il serait préférable que les légumes secs fussent livrés à la flotte dépouillés de leur enveloppe, réduits en farine, et déposés dans des caisses en fer-blanc dont la forme s'accommoderait à la contenance des soutes. Leur conservation serait plus facile : l'altération d'une partie n'entraînerait plus, comme aujourd'hui, la perte du tout. Cette épidémie m'a fourni plusieurs fois la preuve de la résistance des légumes non décortiqués au travail de la digestion. Nous ne ferions en cela qu'imiter une mesure avantageusement adoptée par les Anglais.

Les commissions instituées pour recevoir le pain et la vainde furent engagées à se montrer plus sévères. La viande était bonne : le pain, au contraire, péchait par le blutage imparfait de la farine. Les difficultés de sa fabrication, sur une grande échelle, nuisaient également à sa qualité.

A bord des navires, dont l'état sanitaire inspirait plus d'inquiétudes, on introduisit dans les charniers un mélange d'eau et de vin. Partout l'acidulage colonial fut prescrit.

L'aération, la propreté des bâtiments dans toutes leurs parties étaient l'objet d'une grande surveillance. Les crachoirs des batteries, des hôpitaux, recevaient deux fois dans les vingt-quatre heures, un lait de chlorure de chaux. Lorsque l'épidémie nous atteignit, frappant, à son invasion, ses coups les plus violents, le mouillage de Baltchick présentait des inconvénients. Petite ville turque, dépouillée de ressources, Baltchick ne nous offrait aucun établissement immédiatement convenable pour nos malades. Il sembla préférable de prendre la mer. La saison était propice, les équipages désiraient le départ, l'amiral Hamelin donna l'ordre de lever l'ancre.

Notre courte croisière fut salutaire. Les brises fraîches du large nous firent un nouveau climat plus agréable que celui sous lequel nous vivions. Le lendemain du départ, l'amélioration était évidente ; elle devint décisive, les jours suivants. Notre dernier cas de choléra apparaissait le 19 ; nous revenions au mouillage.

En rappelant les mesures prescrites par l'amiral, je dois me faire l'interprète des sentiments inspirés à mes malades par les paroles d'encouragement que chaque matin il leur adressait. Pendant cette période néfaste, le dévouement des commandants et des officiers pour leurs hommes se manifesta d'une manière éclatante. Presque toujours mêlés aux plus souffrants, ils leur prodiguaient des consolations. Nul cri de désespoir ne vint frapper mes oreilles. L'attitude évangélique de notre digne aumônier supérieur, M. l'abbé Cresp, fut imitée par tous les ecclésiastiques de l'escadre. Leur présence constante au milieu des malades contribua au courage, à la résignation qui régnèrent pendant ces jours de deuil.

L'abnégation des chirurgiens de la marine s'éleva à la hauteur de ces grandes circonstances. Mes rapports à l'amiral, à notre inspecteur général, au ministre, témoignent de ma satisfaction, en face de leur belle conduite.

Au retour de la croisière, nous trouvâmes à Baltchick des ambulances établies par le commandant du *Henri IV*, conformément aux ordres de l'amiral. Ce vaisseau avait joui d'une immunité remarquable; son chirurgien-major, M. Gueit, présida à l'organisation de ce service. Tous les cholériques, tous les convalescents, prirent place dans ces hôpitaux improvisés.

Rien de plus affligeant que le sujet dont il me reste à m'occuper. Malgré les mécomptes observés soit dans l'Inde, soit en France, j'avoue humblement que mes prévisions, pendant cette épidémie, se sont trouvées au-dessous de la réalité. Sur quatorze cent quatre-vingt-cinq cholériques, et il avait été convenu dès le prinicipe, que nous réserverions ce nom aux seuls cas algides, nous en avons perdu sept cent quatre-vingt-quinze. La *Ville de Paris* figure dans ce total des décès pour cent cinquante-un, le *Montebello* pour cent quatre-vingt-deux.

En face d'une pareille mortalité, la médecine doit s'avouer vaincue. Il n'existe pour le choléra aucun spécifique; les tristes résultats que nous avons obtenus ne sont malheureusement pas sans exemples dans l'histoire des épidémies.

Si nous nous souvenons de ce qui se passait dans l'hôpital de Varna, pendant le mois de juillet, des scènes lamentables de Mangalia et de Kurtinjé, notre résignation devient plus facile. Au milieu de ces calamités, le médecin doit faire appel à sa conscience, il a le devoir de confesser son impuissance, mais lui serait-il permis de rester inactif? Je ne le pense pas.

Annesley a dit, il y a déjà bien des années : « On conjure plus fréquemment le choléra qu'on ne le guérit une fois déclaré (1). »

La suppression des phénomènes de début est, en effet, souvent possible. Il faut s'attacher à remplir cette indication, quand on arrive à temps. A part quelques divergences dans les moyens, tous les praticiens s'accordent sur ce point.

Lorsque l'algidité s'est établie, le problème devient plus grave. Il s'agit de réveiller la vie, alors qu'elle a commencé à s'éteindre. Je vais dire la pratique que j'ai conseillée et jamais imposée.

Une excitation périphérique activement soutenue m'a paru mériter la première place dans le traitement. Je faisais pratiquer l'enveloppement dans une couverture de laine ; deux hommes vigoureux frictionnaient le patient sans craindre d'user l'épiderme sur quelques points. Cette manière d'agir, avec le soin de ne jamais découvrir le malade, aide puissamment à la réaction. Sous cette

---

(1) *Researches into the causes, nature and treatment of the more prevalent India diseases.* London, 1828.

influence, les crampes se calment, la température s'élève sans se maintenir, toutefois, si la révulsion cutanée n'est pas assez prolongée.

Il faut insister, tâter la réaction et ne suspendre que quand le pouls et la chaleur sont définitivement rétablis. Dans les cas rebelles, je soutenais l'action des frictions par quelques applications d'essence de térébenthine ou d'alcool camphré. Plus rarement, j'ai recouru à quelques applications limitées d'ammoniaque, de teinture de cantharides, sur les mains et sur les pieds.

Je ne puis m'empêcher d'exprimer ici mon admiration pour les équipages. Sur tous les bâtiments, les matelots ont rivalisé de zèle, de patience, pour arracher à la mort quelques-uns de leurs camarades. La moitié du personnel se dévouait à soigner l'autre moitié. Chaque cholérique avait auprès de lui de courageux amis, qui, le jour, la nuit, pratiquaient la friction avec une attention et souvent une délicatesse bien remarquables.

Lorsque leurs efforts étaient infructueux, ils se dirigeaient tristement vers une autre victime dans l'espoir d'une lutte plus heureuse. Mais aussi, il fallait voir les physionomies rayonnantes de ces hommes couverts de sueur et s'écriant : Il est sauvé !!... Précieux souvenir ! La noblesse de pareils sentiments augmente les regrets laissés par ceux qui ont succombé. N'est-il pas navrant d'ajouter que quelques-uns des plus dévoués ont été victimes de leur abnégation ?

Alors que le chiffre des malades eut nécessité la présence d'un trop grand nombre d'aides, qu'il n'eut pas été possible de maintenir une aération suffisamment renouvelée dans les batteries encombrées, j'ai suppléé aux frictions par une large sinapisation, recouvrant les extrémités supérieures jusque au-dessus du coude et les extrémités inférieures jusque au-dessus du genou.

Pendant cette excitation périphérique, les malades étaient mis à l'usage de potions diffusibles. J'ai donné tous les médicaments de cette famille que j'avais sous la main : tantôt l'alcool camphré à la dose de cinq à dix gouttes dans une cuillerée de véhicule, tantôt l'alcool de cannelle, de menthe, tantôt l'ammoniaque, tantôt l'éther. A toutes ces substances j'attache une valeur à peu près égale, sans dissimuler ma prédilection pour l'éther.

Si la violence des crampes ou des coliques devenait intolérable, on administrait dans une cuillerée d'eau de fleurs d'orangers dix gouttes d'éther, dix gouttes de laudanum, de demi-heure en demi-heure, jusqu'à diminution sensible des douleurs. Un chirurgien, accompagné d'un infirmier, était constamment affecté à ce service de distribution.

La soif violente qui dévore les cholériques doit plutôt être trompée que satisfaite. Des infirmiers, faisant incessamment le tour des divers quartiers établis dans la deuxième batterie, donnaient à chaque malade cinq ou six cuillerées de thé punché ou d'eau vineuse légèrement alcoolisée.

Je débutais ordinairement par l'administration de 1 gramme d'ipéca additionné de 5 centigrammes d'émétique. Cette médication, en augmentant d'abord les évacuations qui ouvrent la scène cholérique, a parfois réussi à les supprimer d'une manière définitive.

Quand les vomissements persistaient avec opiniâtreté, j'ai plusieurs fois recouru avec avantage à un large vésicatoire à la région épigastrique.

Tel a été le mode de traitement institué sur la *Ville de Paris*, dès l'apparition des premiers cas de choléra, pendant le mois de juillet. A part quelques modifications de détail, cette thérapeutique est, depuis longtemps, adoptée dans les hôpitaux de la marine.

Malgré les demandes exceptionnelles que j'avais adressées à Constantinople, l'éther et le laudanum nous firent défaut. Il fallait généraliser une autre médication : je songeai à celle dont les heureux effets m'avaient frappé dans l'Inde. Elle consiste à donner 1 centigramme d'extrait gommeux d'opium, tous les quarts d'heure, puis toutes les demi-heures, enfin toutes les heures, selon que la réaction est plus ou moins rapide, plus ou moins franche. En 1832, le docteur Ménard a préconisé une thérapeutique à peu près semblable. Les résultats obtenus furent supérieurs à ceux qui avaient suivi le premier traitement. C'était au déclin de l'épidémie ; il m'est resté la conviction, qu'administré dès le début, l'opium n'aurait pas si bien réussi.

Je n'observai aucun accident de narcotisme. La coloration de la face, la disparition du creux des joues, la vivacité et l'humidité du regard, la plénitude du pouls, le retour de la chaleur, annonçaient qu'il était temps de suspendre l'opium.

La strychnine a été vantée dans ces derniers temps. J'ai dit que le choléra à forme tétanique m'avait paru susceptible d'être avantageusement modifié par elle. J'ai administré à doses filées 5, 10, 15, 20 milligrammes de cet alcali végétal, sans obtenir la moindre amélioration, sans provoquer jamais aucun phénomène qui témoignât de son absorption. Les cas de cette catégorie, réfractaires à toutes les tentatives thérapeutiques, aboutissaient fatalement à la mort, en quelques heures.

Il est inutile d'ajouter que chaque chirurgien-major varia, selon les ressources de son expérience, ses moyens de médication. M. Battarel, chirurgien-major du *Vauban* a vanté le bain sinapisé; M. Montgrand, chirurgien-major du *Suffren*, la cautérisation le long du rachis, M. Gourrier, chirurgien-major du *Friedland*, l'application de plaques de carton imbibées d'eau bouillante sur la même région, etc., etc.

La convalescence des cholériques a été, en général, exempte de complications. Chez quelques-uns la diarrhée s'est montrée persistante. Le sous-nitrate de bismuth, administré à haute dose, y mettait aisément un terme. On réussit infiniment mieux, et plus vite, par ce moyen qui permet l'alimentation que par les opiacés et les astringents.

La décoction de quinquina, le camphre, le musc, l'acétate d'ammoniaque, les vésicatoires volants sur les membres inférieurs, ont été mis en usage contre l'état typhoïde consécutif.

En résumé, forte mortalité, pendant la période

algide, insensibilité à l'action médicamenteuse, au moment de l'invasion de l'épidémie, majorité des convalescences franchement établies, rareté et bénignité des états typhoïdes consécutifs, si ce n'est sur deux vaisseaux : tel a été l'aspect général du choléra de l'escadre.

Peu de jours après, j'étais appelé par l'amiral à ajouter mes notes personnelles à celles données par les commandants aux médecins placés sous leurs ordres.

Une liste de proposition pour la Légion d'honneur fut adressée au ministre de la marine en faveur de ceux qui avaient eu occasion de déployer un dévouement sans bornes.

Une seconde liste de proposition pour la médaille militaire comprenait les infirmiers et les marins qui avaient donné la preuve d'autant de fermeté que d'abnégation.

CHAPITRE IV

HÔPITAL DE THÉRAPIA. — AMBULANCE PROVISOIRE DE BALTCHICK. — DÉPART DE L'EXPÉDITION DE CRIMÉE LE 5 SEPTEMBRE 1854.

Au commencement de l'hiver, en 1853, l'escadre française avait quitté le mouillage de Bésica, pour prendre dans le Bosphore celui de Béïcos, en face de Thérapia. Des pluies constantes, un froid rigoureux, un service de jour en jour plus pénible, à mesure que s'aggravait la situation politique, occasionnèrent, ainsi que je l'ai dit précédemment, de nombreuses maladies. En outre, les équipages exposés, pendant la saison la plus défavorable, aux miasmes de Bésica, avaient perdu cette force de résistance qui est l'apanage des hommes jeunes appelés à armer nos vaisseaux. La création de l'hôpital de Thérapia remonte à cette époque. Le Bosphore était une base naturelle d'opérations pour une escadre destinée à agir dans la mer Noire. Cet établissement permettait à tous les bâtiments de n'entrer dans cette mer qu'après s'être débarrassés de leurs malades.

C'est de ce mouillage que partit l'escadre pour se rendre à Sinope, après le combat de ce nom. C'est encore de ce point qu'elle appareilla pour aller effectuer le bombardement du port militaire d'Odessa.

Le comte Bouët-Willaumez, capitaine de vaisseau,

chef d'état-major, M. Michelin, commissaire d'escadre, M. Deville, chirurgien-major de la divison et de la *Ville de Paris*, furent chargés par l'amiral Hamelin de l'organisation de cet hôpital.

Soixante-dix lits y furent placés, dans le principe. Ce nombre suffisait aux besoins de l'actualité.

La direction médicale fut confiée à M. Arnaud, chirurgien de première classe, l'administration à M. Lefraper, aide-commissaire. Un chirurgien de deuxième classe, M. Carle, deux chirurgiens de troisième classe complétèrent le personnel du service de santé.

Lorsque, au mois de juin, le choléra éclata à Gallipoli, je craignis que l'hôpital de Thérapia ne fût plus en rapport avec les éventualités nouvelles. Je fus chargé de prendre avec le commissaire d'escadre, les mesures nécessaires à son extension. Une partie de cet établissement restée inoccupée fut, en quelques jours, annexée à celle que nous possédions ; le chiffre des lits atteignit cent quarante. Une salle isolée de cinquante lits fut réservée aux cholériques.

Ainsi constitué, cet hôpital a été très-utile à la flotte. La distinction de l'administrateur et du chirurgien-major rendit facile l'harmonie des deux services. Si, pendant notre foudroyante épidémie de choléra, nous dûmes improviser des ressources hospitalières à Baltchick, Thérapia n'en continua pas moins à recevoir les malades des nombreux transports qui sillonnaient le Bosphore.

Au retour de la croisière, opérée sous le coup de l'épidémie, nous trouvâmes à Baltchick des locaux dont le choix avait été confié à M. le commandant du *Henri IV* (1) et à M. Grivel, aide-de-camp de l'amiral Hamelin. J'avais été chargé, de mon côté, de transmettre des instructions au chirurgien-major de ce vaisseau, M. Gueit, qui contribua, par son concours éclairé, à la réussite de cette installation provisoire. Les maisons destinées à recevoir des malades étaient accessibles du côté de la mer. Cette exposition avait le privilége de nous éloigner des foyers d'infection, si nombreux dans les villes turques, et de rendre faciles les communications avec la rade.

Le 19 août, nous débarquions à Baltchick deux cent quatre-vingt-onze cholériques, presque tous en voie de convalescence avec cinquante scorbutiques provenant du *Friedland*.

La plupart des cholériques, rétablis rapidement, rentrèrent à bord vers la fin d'août ou au commencement de septembre. Un tiers seulement constitua le noyau de l'ambulance que nous laissâmes, en partant pour la Crimée.

Je proposai, pour la direction de ce service, M. Lamotte, chirurgien de première classe, embarqué sur la frégate-transport *Pandore*. Trois chirurgiens de troisième classe lui furent adjoints.

Au moment de la concentration de l'armée à Baltchick et de son embarquement, des cas de choléra se manifestèrent d'une manière isolée, tantôt parmi les marins, tantôt parmi les militaires. Notre ambulance fut en mesure de les recevoir. Les bâtiments quittèrent Baltchick sans avoir un seul homme alité. Le chiffre des malades confiés à M. Lamotte s'élevait à cent soixante-seize.

(1) M. Jéhenne, aujourd'hui contre-amiral.

Les derniers jours du mois d'août furent consacrés à la désinfection du matériel, qui avait servi aux cholériques. On lessiva les laines, les couvertures, les draps de lit, etc., on refit les matelas. Les soins de la plus scrupuleuse propreté s'étendirent à toutes les parties des navires, de façon à éteindre le moindre foyer d'insalubrité.

Ces travaux d'hygiène, favorisés par le temps, s'accomplirent avec la meilleure volonté. En peu de jours, l'escadre avait quitté son voile de deuil : les visages abattus naguère avaient repris leur sérénité.

Par ordre de l'amiral, je prescrivis à tous les chirurgiens-majors de faire un inventaire exact de leurs médicaments ; j'autorisai des demandes immédiates adressées à la pharmacie de Saint-Benoît, à Constantinople. En prévision de besoins urgents, un marché avait été passé par notre commissaire avec cette pharmacie. Enfin les appareils de combat furent partout minutieusement inspectés.

Au même instant, tous les bâtiments adressaient au port de Toulon deux demandes : l'une pour six mois de médicaments, l'autre pour compléter le matériel des hôpitaux de bords diminué de tout ce que nous laissions provisoirement à Baltchick. Ne fallait-il pas être en mesure d'improviser une nouvelle ambulance, le cas échéant ?

Quelles que fussent les épreuves traversées par la marine et par l'armée, le maréchal de Saint-Arnaud neperdait pas de vue l'expédition de Crimée, dont les préparatifs se poursuivaient dans le silence.

A la suite d'une conférence entre le maréchal et l'amiral, je fus invité à convoquer tous les chirurgiens-majors, afin d'être édifié sur l'état sanitaire de chacun des bâtiments.

J'annonçai à mes confrères la possibilité de l'embarquement prochain des troupes ; j'appelai leur attention sur son opportunité, sur ses conséquences probables. Il fut décidé, après mûre délibération, qu'à ce moment la santé publique n'était pas de nature à contre-indiquer une importante opération de guerre.

Cette consultation entraînait une grave responsabilité. Nous sortions à peine d'une épidémie. Certes, les médecins de la marine avaient joué leur vie avec assez de désintéressement pour que, dans aucun cas, la prudence pût être taxée de faiblesse. Notre opinion fut le résultat d'une analyse consciencieuse de la situation ; l'avenir prouva que nous étions dans le vrai.

Je transmis cette décision à l'amiral, qui l'accueillit avec satisfaction.

Tel était, du reste, l'esprit de l'armée et de la flotte que l'ajournement de l'expédition eût exercé une influence funeste. Nos marins vivaient, depuis quelques mois, dans l'espoir de sortir de cette monotonie d'existence inséparable de la claustration prolongée. Les mouillages de Bésica, de Béïcos, de Baltchick, avaient été d'une désespérante stérilité en distractions. L'attaque d'Odessa avait inspiré la passion de la gloire. Il fallait donner un libre cours à ces élans, sous peine de voir la torpeur s'étendre sur nos équipages. L'imprévu plaît, en général, aux masses, à plus forte raison, sourit-il à la nature aventureuse de l'homme de mer.

L'expédition de Crimée définitivement résolue, l'embarquement de l'armée fut fixé au 31 août.

Dans la soirée du 30, la deuxième division signala son arrivée par des feux de bivouac allumés sur les hauteurs qui couronnent Baltchick. Une forte brise de nord empêcha l'embarquement, pendant la matinée du 31. A trois heures d'après-midi, trois coups de canon tirés par la *Ville de Paris* annoncèrent à l'armée qu'on allait procéder à son transport sur les navires.

A ce signal, les tentes se replièrent; bientôt nous aperçumes les colonnes s'écoulant vers la plage. La remorque des chalands, construits pour l'embarquement et le débarquement des militaires, s'opéra avec célérité, si bien qu'à la nuit, la deuxième division était tout entière sur les vaisseaux-transports.

Le 1er septembre, l'embarquement de la troisième division s'effectua, dès la pointe du jour. A midi, l'opération était achevée.

A deux heures d'après-midi, les frégates à vapeur apportaient de Varna la première division destinée aux vaisseaux combattants. Ce transbordement s'accomplit sans retard.

Les batteries d'artillerie étaient placées sur des frégates à vapeur, qui arrivèrent isolément, pendant cette journée. La quatrième division fut mise à bord dans la matinée du 2 septembre. Nous reçûmes, ce jour-là, sur la *Ville de Paris* l'état-major général de l'armée et le général Canrobert, commandant la première division. A une heure avancée de la soirée, le maréchal de Saint-Arnaud vint occuper l'appartement que l'amiral Hamelin avait eu la courtoisie de lui céder. Grand, pâle, maigre, voûté, le maréchal, à peine âgé de 53 ans, était vieilli par la souffrance. Il portait souvent la main à la région du cœur, avec une douloureuse expression.

Le convoi anglais, qui devait partir de Varna, le 4 septembre, ne quitta ce port que le 5. L'escadre française et l'escadre turque appareillèrent aussitôt ; malheureusement de nouvelles lenteurs retinrent nos alliés à Baltchick. Ce fut seulement le 8, que l'escadre anglaise, les convois anglais et français placés sous sa protection, nous rallièrent à la hauteur de l'île des Serpents. L'amiral Hamelin, à leur approche, donna l'ordre de mettre en panne. Vers deux heures de l'après-midi, le convoi anglais se trouva par notre travers. A sa suite défila le convoi français ; la nuit vint avant la fin de ce défilé sur trois colonnes. Le ciel était obscurci par d'épais nuages, l'horizon borné, et pourtant il serait superflu de chercher à décrire ce spectacle imposant.

Les détails relatifs à la navigation des flottes expéditionnaires dans la mer Noire sont consignés dans l'ordre, remarquable de prévoyance, transmis à tous les commandants par le chef d'état-major. On ne saurait contracter, en moins de pages, des instructions où la science du marin s'unit à la science de l'homme de guerre.

CHAPITRE V

NAVIGATION DES FLOTTES EXPÉDITIONNAIRES DANS LA MER NOIRE. — PRISE DE POSSESSION D'EUPATORIA. — DÉBARQUEMENT DE L'ARMÉE ALLIÉE A OLD-FORT. — BATAILLE DE L'ALMA. — MARCHE SUR LA BELBECK, MACKENZIE, BALACLAVA. — DÉPART DU MARÉCHAL. — COUP D'ŒIL SUR L'ÉTAT SANITAIRE PENDANT LE 3ᵉ TRIMESTRE 1854.

Le 8 septembre, l'escadre anglaise et les convois des deux nations alliées opéraient leurs jonctions avec l'escadre française. Une conférence réunissait, dans l'après-midi, à bord du *Caradoc*, monté par lord Raglan, les chefs de l'expédition. Il fut décidé que le *Primauguet* irait faire une dernière reconnaissance des côtes de Crimée. Le général Canrobert, les généraux Thiry (artillerie) et Bizot (génie), le général de Martimprey, le colonel d'artillerie Lebœuf, le colonel Trochu, le général anglais Ross, attaché à l'état-major général du maréchal de Saint-Arnaud, enfin notre chef d'état-major le comte Bouët-Villaumez prirent passage sur ce vapeur. Le *Primauguet* était de retour, le 11 ; le lieu du débarquement était définitivement arrêté.

Dans la soirée, les flottes expéditionnaires mouillaient en face du cap Karkan, hors de portée de vue de la côte, sur un banc, qui avait été désigné comme point de ralliement, en cas de dispersion.

A la nuit, chaque navire hissait ses feux de position :

cette illumination générale produisait un effet magique.

Jusqu'à ce moment, l'escadre avait navigué à petites distances du convoi. Afin d'arriver en même temps à la plage choisie pour le débarquement, dont vingt-cinq lieues seulement nous séparaient, tous les vaisseaux à voile prirent, en appareillant le 12, la remorque des vaisseaux ou des frégates à vapeur. Cette opération s'accomplit en moins de deux heures sans aucune avarie. La *Ville de Paris* se mit à la remorque du vaisseau *le Napoléon*, qui traînait déjà six bâtiments-transports.

Vers deux heures, les côtes de la Crimée se dessinèrent à l'horizon. Les soldats disposent leurs sacs, fourbissent leurs armes, en saluant cette terre de leurs acclamations. L'ordre de l'amiral Hamelin est de régler la marche, de façon à se trouver au petit jour, le lendemain, à trois lieues d'Eupatoria.

Un coup de vent, survenu pendant la nuit, dispersa une partie du convoi. Dès le point du jour, le signal de ralliement fut arboré au grand mât de la *Ville de Paris*. Les frégates à vapeur furent expédiées à la recherche des bâtiments égarés.

Malgré cet incident, nous nous dirigeâmes vers la baie d'Eupatoria ; nous vînmes mouiller en face de la petite ville de ce nom. A deux heures du soir, tous les retardataires nous avaient ralliés.

Ce rendez-vous de l'une des flottes les plus formidables dans la baie d'Eupatoria, était digne des deux plus grandes nations du monde. Jamais cette baie n'avait été hérissée d'une pareille forêt de mâts ! A la nuit, chaque navire hissa ses feux de position. On eût dit une immense ville flottante richement illuminée.

Peu d'instants après le mouillage, le maréchal envoyait à terre, sur le *Descartes,* son premier aide-de-camp, le colonel Trochu, pour sommer les gouverneurs d'Eupatoria de rendre la place. Un colonel anglais, aide-de-camp de lord Raglan, accompagnait le colonel Trochu. En présence des forces réunies sur la rade le gouverneur russe n'hésita pas à faire sa soumission.

Le 13 septembre 1854, les pavillons alliés flottaient sur la terre de Crimée. Une garnison, composée d'un détachement de Français, d'Anglais et de Turcs, fut laissée à Eupatoria.

Les flottes appareillèrent pendant la nuit. Elles mouillaient de grand matin, avec un ordre parfait, dans la baie d'Old-Fort, devant une plage très-propice au débarquement.

Chaque vaisseau mettait immédiatement à l'eau les deux chalands qu'il portait à ses flancs : les militaires se disposaient par compagnie : à 7 heures du matin, par un beau temps, commençait le débarquement de la première division.

Les embarcations et les chalands chargés de troupes étaient pris à la remorque par les avisos à vapeur qui les conduisaient à deux ou trois encâblures du rivage. Là, des canots vigoureusement ramés continuaient la remorque jusqu'à ce que chalands et embarcations s'échouassent sur le sable.

A 8 heures, le drapeau français était planté sur la

côte. Des guidons indiquaient l'emplacement affecté à chaque division.

A 2 heures, vingt-cinq mille Français étaient à terre, vingt-huit bouches à feu pouvaient répondre à l'ennemi.

Le maréchal quitta la *Ville de Paris* pour se rendre sous sa magnifique tente. Il était frémissant de bonheur.

Le camp français offrait une animation pleine d'intérêt : chaque division, chaque brigade, chaque régiment, occupaient une place déterminée. Quelques bataillons, détachés en éclaireurs, avaient capturé des troupeaux et des arrabas (1) chargés.

La nuit du 14 au 15 fut orageuse. Une forte houle régna pendant la journée du 15. On se félicita d'avoir opéré, la veille, sans relâche. Cet état de la mer n'empêcha pas de débarquer le contingent turc, des vivres et des poudres.

Deux jours avaient suffi pour mettre à terre les quatre divisions de l'armée française, avec soixante pièces de canon. Nous n'avions rencontré aucune résistance ; les paysans des environs apportaient des volailles, des légumes, que l'on payait exactement, dans l'espoir de rendre l'approvisionnement plus facile pour l'avenir.

Le camp français s'étendait à la droite de la baie d'Old-Fort : le camp anglais s'établit à la gauche avec plus de lenteur.

Quatre vaisseaux, la *Ville de Marseille*, le *Marengo*, le *Suffren*, l'*Alger*, partirent, le 15, pour aller prendre,

---

(1) Les *arrabas* sont de lourdes voitures affectées au transport.

à Varna, la cavalerie et les troupes d'infanterie laissées en arrière. — Sur l'invitation de notre chef d'état-major, je fis un ordre de répartition des militaires tombés malades, pendant la traversée, sur ces quatre vaisseaux, qui devaient les déposer à l'hôpital de Varna. Les chirurgiens-majors des petits bâtiments étaient autorisés à expédier, par la même occasion, tous les matelots atteints d'une affection qui exigeait l'alitement.

Le 19, à 6 heures du matin, nos troupes s'ébranlèrent pour se porter en avant : l'escadre appareilla, les vapeurs remorquant les vaisseaux à voiles à petite distance de la côte. Jusqu'alors, nous n'avions vu que des cosaques isolés se tenant à distance respectueuse de nos lignes. Pour la première fois, se montraient des escadrons russes, qui se retiraient, du reste, à l'approche de nos troupes. Vers 10 heures et demie, l'armée alliée arrivait sur les bords de l'Alma. Les flottes mouillèrent devant l'embouchure de cette rivière. Les petits navires à vapeur s'occupèrent immédiatement à prendre les sondes près de terre. En face de nous, un village était la proie des flammes ; les fumées épaisses qui s'élevaient au loin annonçaient que cet incendie se rattachait à un système de destruction habituel à nos adversaires.

Nous apercevions du bord un camp russe, fortement retranché, occupant des hauteurs supposées inaccessibles par le général Mentschikoff. La plus vive agitation y régnait. A la nuit, des feux de bivouac marquaient la position des deux armées. La bataille était pour le lendemain.

Le 20, la division du général Bosquet s'ébranla au petit jour. Sous la protection d'un brouillard et des frégates à vapeur échelonnées le long de la plage, elle côtoya la mer pour surprendre l'ennemi par un mouvement de conversion. Ce mouvement s'accomplit avec précision, quoique le terrain présentât de grandes difficultés. La batterie d'artillerie de cette division ouvrait son feu contre trois batteries russes, à 1 heure d'après-midi.

Aussitôt, la première et la troisième division attaquent de front les hauteurs couronnées par l'armée ennemie. Après avoir débusqué les Russes d'un village, refoulé leurs tirailleurs éparpillés dans les massifs d'arbres ou dans les ravins, ces deux divisions se lancent sur les pentes rapides, les gravissent avec vivacité, malgré la grêle de projectiles, pour venir audacieusement se ranger en bataille devant les lignes de Mentschikoff.

Après une lutte de courte durée, l'armée russe pliait, grâce à l'impétuosité de nos bataillons.

Les Anglais, retardés par les inégalités du sol, prirent une part tardive à l'action. Électrisés par les débuts de cette glorieuse journée, ils marchèrent majestueusement à l'assaut des batteries élevées, qui les couvraient de mitraille et s'emparèrent de trois pièces de canon. Avant 4 heures, la bataille de l'Alma était gagnée sur tous les points.

L'artillerie continua son feu sur les Russes. La cavalerie restée à Varna aurait changé leur retraite précipitée en véritable déroute.

L'armée alliée passa la nuit dans le camp occupé, la veille, par nos ennemis.

Tous les chirurgiens en second des vaisseaux furent envoyés à terre, dans la soirée, pour coopérer au service dans les ambulances. A cette occasion, M. Richer des Forges fut l'objet de la mention la plus honorable.

Deux généraux avaient été blessés pendant l'action : le général Canrobert, frappé au côté gauche de la poitrine par un éclat d'obus, le général Thomas atteint par un projectile à l'aine droite. On compta trois cents Français tués sur le champ de bataille et huit cents quatre-vingt quatorze blessés. La première division fit les pertes les plus nombreuses. Les Anglais avaient été plus maltraités que nous. Trois cents officiers ou soldats russes reçurent l'hospitalité dans nos ambulances.

L'embarquement des blessés s'effectua le lendemain. Trois frégates à vapeur les transportèrent à Constantinople : le *Panama*, le *Montézuma*, l'*Albatros*.

Dans la soirée du 21 septembre, l'amiral Achmet-Pacha vint annoncer à l'amiral Hamelin qu'il avait vu trois vaisseaux russes appareiller et sortir du port de Sébastopol. Il donnait à cette nouvelle un cachet d'affirmation d'autant plus absolu, qu'il était monté lui-même sur les barres de son vaisseau, pour observer la manœuvre de ses propres yeux. Si étrange que parût cette hardiesse de la part d'une marine qui jusqu'alors avait obstinément refusé le combat, des mesures de prudence furent immédiatement adoptées. Le branle-bas de combat fût signalé, les hommes passèrent la nuit autour des pièces ; les vaisseaux à vapeur se rendirent devant Sébastopol pour y surveiller les mouvements de la flotte ennemie.

Le contre-amiral Charner, qui montait le *Napoléon*, nous apprenait, le lendemain, que les vaisseaux russes avaient, en effet, appareillé, mais seulement pour prendre un poste d'embossage dans la passe.

L'armée se remit en marche le 23 vers sept heures du matin. Les flottes alliées levèrent l'ancre, à neuf heures, se maintenant à petite distance du rivage, pour rester en communication constante avec la terre.

A trois heures, les troupes dressaient leurs tentes au milieu d'une campagne délicieuse, sur les bords de la Belbeck, pendant que nous mouillions devant l'embouchure de cette rivière.

Tout à coup, une vive canonnade retentit du côté de Sébastopol. Des vapeurs rapides envoyés à la découverte ne tardèrent pas à nous apprendre que les vaisseaux embossés le 21 avaient été coulés par les forts, afin d'obstruer l'entrée et d'empêcher ainsi une surprise par les flottes alliées.

A la suite d'un conseil de guerre qui réunissait les généraux et les amiraux, l'attaque de Sébastopol par le côté sud fut résolue, le 24. L'armée se mit en route pour contourner la place. Une première journée de marche la conduisit à Mackenzie, une seconde à Balaclava. Quelques cas de choléra s'étaient manifestés dans divers corps après la bataille de l'Alma : ils se multiplièrent, d'une façon inquiétante, pendant ces deux jours. Les Anglais souffrirent plus particulièrement de cette recrudescence, qu'ils attribuaient aux tentes russes sous lesquelles ils avaient passé la nuit après la bataille.

Un convoi de cholériques agonisants fut dirigé vers le rivage. L'arrivée de ces malheureux torturés par la soif, souillés de leurs déjections, offrait l'un de ces lugubres tableaux que la continuation de la guerre devait nous rendre familiers.

Parvenu à la dernière période de sa cruelle maladie, le maréchal de Saint-Arnaud s'embarqua, le 25 septembre, sur le *Berthollet*, dans un état désespéré. Les adieux du vainqueur de l'Alma furent communiqués à l'armée et à la flotte. En vertu des ordres de l'Empereur, le général Canrobert prenait le commandement en chef.

C'est le 30 septembre, que l'armée fit son apparition sur la presqu'île de Kerson. L'amiral Bruat reçut l'ordre de s'y rendre, de faire remorquer par des vapeurs tous les transports chargés des batteries de siége pour procéder sans délai au débarquement de ce matériel de guerre.

Quelques mots maintenant sur l'état sanitaire de la flotte. L'épidémie de choléra, dont j'ai donné la description fut l'événement pathologique dominant du troisième trimestre de l'année 1854. Pendant le mois de juillet, les affections du tube digestif s'étaient montrées fréquentes : sinistres avant-coureurs de l'épidémie, les diarrhées avaient été signalées par tous les navires. La majeure partie de celles qui figurent sur la statistique trimestrielle appartient à ce mois. Des dyssenteries bénignes avaient régné simultanément. Tandis qu'au printemps, les maladies aiguës de la poitrine, les fièvres intermittentes avaient été nombreuses, sous l'influence des chaleurs de l'été, nous voyions prédominer les affections abdominales.

Le mois d'août fut rempli tout entier par l'épidémie de choléra. J'ai eu le soin d'isoler tout ce qui la concerne du tableau trimestriel.

Malgré l'encombrement inséparable du transport d'une armée, malgré la récente explosion du fléau asiatique, l'état sanitaire, pendant notre navigation, se maintient satisfaisant. Les régiments nouvellement arrivés de France, furent un peu plus éprouvés que ceux acclimatés par un séjour de plusieurs mois, soit à Gallipoli, soit à Varna. Le *Suffren*, le *Bayard*, le *Jupiter*, l'*Iéna*, parmi les vaisseaux, le *Vauban* parmi les frégates, le *Caton* parmi les corvettes, signalèrent quelques cas de choléra dans la traversée. Nulle part, même sur le *Vauban*, le plus maltraité de tous, les pertes n'acquirent une proportion qui rappelât de loin celles du mois précédent. L'apparition de quelques fièvres éruptives bénignes sur le *Suffren*, le *Jean-Bart* et le *Cacique* fut le seul incident à noter pendant cette traversée.

A la suite de l'épidémie de choléra, le scorbut avait pris de l'extension. Jusqu'alors je n'avais observé que des stomatites accompagnées de pétéchies et de douleurs musculaires ; le repos, un régime analeptique en triomphaient aisément. En septembre, la cachexie se traduisit par ses manifestations les plus graves. Sur ma demande, les légumes conservés entrèrent dans la ration journalière, au lieu de n'intervenir qu'une ou deux fois par semaine. J'espérais conjurer l'apparition du scorbut chez les hommes qui n'en présentaient aucun symptôme et améliorer l'état de ceux dont le sang avait commencé à s'altérer.

Mon espérance ne fut pas tout à fait déçue. La progression, que j'ai fait remarquer, s'arrêta. Dans le but d'augmenter notre approvisionnement de légumes pressés, j'adressai à l'amiral Hamelin une note qui fut transmise au ministre de la marine. J'y démontrai leur salutaire influence. Les matelots atteints d'une stomatite scorbutique se trouvaient guéris après quelques jours de ce régime. Il est incontestable que ce premier acte de la maladie aurait été suivi de manifestations plus graves. C'est un succès dont il fallait tenir compte, sans en exagérer la portée. Les légumes conservés retardent l'explosion du scorbut ; ils ralentissent sa marche, sans l'enrayer, quand il a jeté des racines profondes dans l'économie.

TABLEAU

ESCADRE DE LA MER NOIRE

STATISTIQUE TRIMESTRIELLE *

3ᵉ Trimestre de l'année 1854.

NOMS DES BATIMENTS.	NOMBRE DES MALADES.	REMIS A LEUR SERVICE.	ENVOYÉS AUX HOPITAUX.	RENVOYÉS EN FRANCE.	MORTS AUX HOPITAUX.	MORTS A BORD.	EFFECTIF DES ÉQUIPAG.
Ville de Paris	414	291	21	5	»	2	1100
Montebello..	625	521	11	2	1	3	1137
Friedland...	341	219	49	»	4	1	1145
Bayard......	347	260	3	»	1	2	872
Iéna........	308	282	3	»	1	»	932
Marengo....	330	223	49	4	4	»	678
Jupiter......	223	161	15	»	»	3	821
Henri IV....	326	191	17	3	»	2	932
Charlemagne.	426	277	11	»	»	1	827
Suffren.....	307	169	70	6	1	1	885
Alger.......	213	164	2	5	»	3	693
Jean-Bart...	259	173	21	»	3	5	861
V. de Marseil.	205	135	26	»	2	1	705
Mogador....	109	89	8	»	1	3	294
Descartes...	53	43	2	»	»	»	320
Vauban......	108	84	1	»	»	1	306
Cacique.....	105	84	»	»	»	3	264
Primauguet..	125	107	1	»	»	1	186
Caton.......	104	81	2	»	2	»	140
Belle-Poule.	190	168	9	1	2	»	380
Totaux..	5118	3722	321	26	22	32	13478

* Cette statistique ne comprend pas l'épidémie de choléra.

DÉSIGNATION DES MALADIES.		BAYARD.	IÉNA.	FRIEDLAND.	MARENGO.	JUPITER.	HENRI IV.	CHARLEMAGNE.	VILLE DE PARIS.	SUFFREN.	ALGER.	JEAN-BART.	MONTEBELLO.	VIL. DE MARSEIL.	MOGADOR.	DESCARTES.	VAUBAN.	CACIQUE.	PRIMAUGUET.	CATON.	BELLE-POULE.
FIÉVREUX	Fièvres éphémères...	»	45	13	7	9	38	46	6	»	6	»	37	»	»	»	6	»	2	»	30
	— typhoïdes........	2	»	3	2	4	8	6	14	8	3	13	23	5	1	»	3	1	»	»	11
	— intermit. simples.	26	9	20	35	15	27	23	68	8	5	4	30	11	27	1	1	18	6	10	10
	— — pernicieuses.	»	»	1	»	»	»	»	»	»	»	»	»	»	»	»	1	»	»	»	»
	Variole et varioloïde..	»	»	»	»	»	»	»	»	9	»	31	1	»	»	»	»	18	»	»	»
	Rougeole............	»	»	»	1	»	»	»	»	1	»	16	»	4	5	»	»	»	»	»	»
	Scarlatine...........	»	»	»	»	»	»	»	»	»	»	4	»	»	»	»	»	»	»	»	»
	Scorbut.............	2	68	152	6	19	85	12	32	29	10	25	37	51	»	»	»	3	»	»	2
	Pleurésies simples....	»	»	4	1	»	1	»	12	»	2	»	»	»	1	»	1	»	»	»	»
	— avec épanchement	»	»	1	1	»	»	2	2	2	8	2	3	»	1	»	»	2	»	»	»
	Pneumonies.........	4	4	6	1	»	1	8	3	13	13	2	11	6	»	»	»	»	»	»	4
	Phthisie pulmonaire..	»	1	»	»	1	3	»	5	4	2	»	»	1	»	»	»	»	2	»	»
	Dyssenteries........	»	16	24	10	2	»	16	46	26	6	68	21	»	»	»	2	2	10	3	»
	Diarrhées...........	79	55	22	20	70	70	60	44	30	33	10	20	10	16	15	5	30	76	80	26
	Rhumatismes.......	5	6	16	22	3	4	8	5	3	7	6	21	1	2	»	»	5	2	1	7
	Névralgies..........	»	»	1	»	»	4	2	5	8	2	3	2	»	»	»	»	1	»	»	5
	Maladies diverses.....	147	44	157	95	65	42	114	133	105	60	2	304	49	20	9	88	12	34	50	28
Blessés................		88	76	63	156	41	69	155	82	69	78	99	164	84	32	27	5	14	31	15	74
Vénériens..............		»	1	2	3	1	1	13	5	3	3	8	3	3	9	1	2	1	1	3	8
Maladies cutanées......		»	4	4	5	3	»	7	4	1	4	2	14	»	2	»	»	»	»	1	»
TOTAUX........		353	329	489	365	233	353	472	466	319	242	295	691	225	115	54	113	108	164	113	205

CHAPITRE VI

OCTOBRE 1854. — ARRIVÉE DE L'ARMÉE SOUS LES MURS DE SÉBASTOPOL. — EXPÉDITION D'YALTA. — FORMATION DES BATTERIES DE LA MARINE. — ATTAQUE PAR LA FLOTTE DES FORTS DE LA RADE.

Conformément aux ordres qu'il avait reçus de l'amiral commandant en chef, le vice-amiral Bruat vint mouiller avec une division en face des baies de Kasach et de Kamiesch, au sud de Sébastopol. A partir de cette ville, la côte est successivement échancrée par les baies de la Quarantaine, de Streleska, de Peschana.

De son côté, l'armée arriva, dans les derniers jours de septembre, devant la partie sud de Sébastopol. Son campement fut établi de façon à laisser la droite aux Anglais, à cause de la proximité du port de Balaclava, leur base d'opérations. Les Français étaient rapprochés de la baie de Kamiesch, où se trouvait la division Bruat.

Nos troupes furent, dès le principe, divisées en deux corps : 1° le corps de siége, composé de la troisième et de la quatrième division ; 2° le corps d'observation, composé de la première et de la deuxième.

Le campement du premier corps s'étendait de la baie de Streleska au plateau de Chersonèse. Le deuxième corps occupait le plateau d'Inkermann et les hauteurs qui protégent Balaclava. La division turque était placée dans l'espace compris entre ces deux camps.

Pendant le débarquement du matériel de siége, on décida qu'un certain nombre de batteries seraient armées avec les canons de la marine. Chaque vaisseau de premier rang céda trois pièces, chaque vaisseau de deuxième rang deux pièces, ainsi que les marins destinés à les servir. Le commandant de la *Ville de Paris* M. Rigault de Genouilly fut désigné pour prendre la direction de ce corps de débarquement, composé de huit cents marins.

Le 4 octobre, cette artillerie de marine improvisée allait se mêler à notre armée. Les batteries qu'elle desservit se firent constamment remarquer par l'énergie et la précision de leur tir. En consultant les ordres du jour, on aura la preuve de l'estime qu'elle inspirait. Le choix de l'éminent capitaine de vaisseau, qui commandait ces marins, permettait de prévoir la gloire qu'il leur était réservé d'acquérir.

J'attachai à ce corps de débarquement un personnel médical, dont je connaissais les solides qualités. MM. Gourrier, chirurgien-major, Lantoin et Guillou, chirurgiens de deuxième classe, Dussault, chirurgien de troisième classe, ont mérité la reconnaissance de tous les hommes confiés à leurs soins.

Au commencement d'octobre, M. le contre-amiral Charner, qui avait son pavillon sur le vaisseau *Napoléon*, explora avec une division anglo-française, la côte sud-est de Crimée, pour s'assurer des ressources qu'on pouvait y rencontrer.

Cette division vint mouiller devant Yalta. Les autorités de cette petite ville s'empressèrent de prendre la fuite. Une colonne de quatre cents marins parcourut la campagne, faisant un approvisionnement de farine, de bestiaux, dont le prix fut intégralement payé aux habitants. Elle s'arrêta devant un château impérial et des villas élégantes appartenant à la riche noblesse moscovite. Le respect de la propriété fut scrupuleusement observé.

Les batteries qui défendaient l'entrée du port de Sébastopol étaient le but de fréquentes reconnaissances. Accompagné de son chef d'état-major, l'amiral Hamelin en fit, le 5 octobre, une longue étude, malgré les coups de canon adressés au *Primauguet* qu'il montait.

Le 7 octobre, le *Rolland* commandé par le capitaine de frégate de la Roncière le Nourry s'approcha, pour sonder l'entrée de la rade, sous une pluie de boulets.

Dans la nuit du 7 au 8, le *Caffarelli*, accomplissant la même mission, s'échoua devant la Quarantaine, à portée de ses canons. Après de vains efforts pour se retirer, même en faisant le sacrifice de son charbon et de son artillerie, le commandant (1) envoya une embarcation dans la baie de Kamiesch pour demander du secours à l'amiral Bruat. L'amiral Charner, expédié avec quelques navires à vapeur, arracha le *Caffarelli* de cette position critique, avant les premiers rayons du jour. L'ennemi n'avait rien entendu.

Le temps s'écoulait au milieu de l'impatience générale. Habitués à l'idée qu'un coup de main devait nous rendre maîtres de la place, les esprits supportaient difficilement les lenteurs inséparables d'un siége. Le 9 octo-

---

(1) M. Simon, capitaine de vaisseau.

bre, la température s'était subitement abaissée de plusieurs degrés au-dessous de zéro, pendant la nuit. L'appréhension d'un hiver rigoureux sous la tente ne contribuait pas à calmer cette impatience.

C'est qu'à mesure que les travaux avançaient, on se rendait un compte plus exact des moyens de la défense.

Deux nouvelles pièces de gros calibre (50 et 80), appelées à jouer un plus grand rôle que l'artillerie de terre ne l'avait supposé, dans le principe, furent demandées à chaque vaisseau.

Les Russes multipliaient leurs sorties contre les travailleurs, sans jamais obtenir un résultat décisif.

J'ai signalé les reconnaissances journalières opérées par la marine pour s'assurer du fond, en face des fortifications, qui défendaient la rade. L'appréciation exacte de la distance à laquelle on s'embosserait dans une attaque, était de la plus haute importance. Il fut reconnu que les vaisseaux de premier et de deuxième rang ne pouvaient s'approcher au delà de sept encâblures, à cause des bas-fonds

A cette distance, la destruction de forts, aussi solidement établis que ceux de Sébastopol, était impossible. Aussi fut-il un instant question de laisser de côté les vaisseaux pour attaquer avec les frégates à vapeur. La masse de fer lancée, en un moment donné, diminuait, mais les coups tirés de plus près devenaient plus destructeurs.

Probablement dans l'intention de réaliser ce projet, l'amiral Hamelin mit son pavillon sur la frégate à vapeur *Mogador*. L'état-major général fut réparti entre cette frégate et le *Primauguet*, qui devaient naviguer de conserve.

En nous rendant, sur ces deux navires, du mouillage de la Katcha à la baie de Kamiesch, nous passâmes à l'extrême portée des canons de Sébastopol. L'entrée de son port s'échancre en une baie profonde, dont les deux côtés étaient flanqués de batteries puissantes, quelques-unes à trois étages, disposées de façon à croiser leurs feux. Une estacade, une ligne de vaisseaux coulés, dont on voyait l'extrémité des mâts, puis une ligne de vaisseaux embossés complétaient la défense du côté de la mer.

Le chiffre des morts et des blessés à la tranchée croissait en proportion des progrès dans les travaux d'approche. Les pertes de l'armée française, pendant la nuit du 14 au 15, étaient de deux cents hommes tués ou blessés.

Un grand conseil de guerre se réunit, le 16, sur le *Mogador* chez l'amiral Hamelin. Les amiraux des trois puissances alliées étaient présents.

L'attaque de Sébastopol par terre et par mer étant résolue, tous les vaisseaux y coopéreraient, ceux à voiles seraient accouplés, pour le combat, à des frégates à vapeur. La flotte française s'embosserait à droite, devant le fort de la Quarantaine, la flotte anglaise à gauche, devant le fort Constantin. Le centre était réservé aux Turcs.

Le jour de l'attaque, fixé d'abord au 18, fut ultérieurement annoncé pour le lendemain 17. L'activité déployée par les équipages durant toute la nuit permit aux vaisseaux français de s'accoupler aux frégates à huit heures du matin. Les vaisseaux anglais ne furent prêts que beaucoup plus tard.

Des instructions précises adressées aux commandants déterminaient le rôle de chacun pendant le combat.

A dix heures du matin, la *Ville de Paris* accouplée au *Primauguet* (1) levait son ancre en donnant le signal du départ. Tous nos vaisseaux, imitant sa manœuvre, se mettaient en route pour Kamiesch où les attendait la division Bruat.

La ligne de bataille se formait à midi : on entendait battre la générale : bientôt l'amiral commandant en chef faisait arborer au grand mât le signal suivant : « La France vous regarde! » De tous côtés retentissait le cri de : Vive l'Empereur, l'enthousiasme éclatait sur tous les bâtiments. Il n'y avait plus de malades, ce jour-là ; les scorbutiques sollicitaient, comme faveur, d'être placés à leur poste de combat.

L'armée navale s'avançait vers l'entrée du port de Sébastopol. Le *Pluton*, commandé par le capitaine de frégate Fisquet, avait disposé, la nuit précédente, les bouées d'embossage. Cette corvette à vapeur ouvrait la marche. Le *Charlemagne* (commandant de Chabannes) marchait en tête de la colonne, suivi à courte distance par le *Montebello* portant le pavillon de l'amiral Bruat, par le *Friedland* (commandant Baudin), par la *Ville de Paris* avec le pavillon de l'amiral Hamelin, par le *Jean-Bart* (commandant Touchard), etc. Ces vaisseaux prirent suc-

---

(1) Un détachement de canonniers du *Primauguet*, commandé par M. E. Hamelin, fils de l'amiral, vint prendre part à l'action sur la *Ville de Paris*.

cessivement leur embossage en face des batteries de la Quarantaine sous une grêle de projectiles.

Au signal de la *Ville de Paris*, vers une heure, le feu s'ouvrit avec une infernale vigueur, pendant que les autres vaisseaux de l'escadre se disposaient en créneau sur une seconde ligne et prenaient immédiatement part à l'action.

Les batteries russes tirèrent énergiquement d'abord, puis leur feu se ralentit graduellement.

Au coucher du soleil, l'ordre de retraite fut donné à l'escadre française. Les batteries ennemies parurent se réveiller ; elles saluèrent ce départ de quelques coups de canon.

Les vaisseaux turcs prirent une part honorable à cette attaque. Arrivés avec nous, ils ne quittèrent leur poste qu'au signal de notre amiral.

Plus lents à faire leurs préparatifs, les vaisseaux anglais commencèrent l'attaque du fort Constantin, à trois heures. L'amiral Lyons, qui commandait la première ligne, s'approcha du fort, de façon à n'avoir qu'un pied d'eau sous la quille de son *Agamemnon*. Il est juste de rendre hommage à sa brillante coopération.

Pendant cette journée, l'amiral Hamelin conserva un calme impassible ; il suivait avec un binocle le tir de ses vaisseaux, envoyant de temps en temps des aspirants dans des embarcations pour le faire rectifier là où il lui paraissait inexact. A ses côtés, son chef d'état-major, récemment nommé contre-amiral, déployait cette ardeur militaire qui le caractérise. Le capitaine de frégate de Dompierre d'Hornoy commandait le vaisseau depuis le débarquement de M. Rigault de Genouilly : il sut unir le sang-froid du marin à l'entraînement de l'homme de guerre.

Aucun des aides-de-camp de l'amiral Hamelin ne fut épargné. L'un, M. le lieutenant de vaisseau Zédée, avait les deux jambes fracturées par suite de l'explosion d'une bombe ; l'autre, le lieutenant de vaisseau Sommelier, avait le bassin broyé par un boulet ; MM. Garnault et Grivel, fortement contusionnés aux jambes par des éclats de bois, continuaient leur service.

Le commissaire d'escadre, M. Michelin, blessé à son poste, sur la dunette, ne reçut, lui aussi, mes soins qu'après le combat. Sa plaie contuse fut très-lente à guérir.

Cette journée aurait été couronnée par un résultat plus complet, s'il y avait eu coïncidence entre l'attaque de mer et celle de terre. Les batteries de siége avaient éprouvé, dans la matinée, de grandes pertes. Lorsque la flotte arriva devant Sébastopol, leur feu était suspendu depuis plusieurs heures.

Des incendies partiels se montrèrent sur quelques vaisseaux, ceux de la première ligne reçurent en moyenne, une cinquantaine de boulets dans la coque et un grand nombre dans le gréement.

Peu de jours après, on décida en conseil de guerre, qu'il fallait accomplir les travaux d'un siége régulier. La mauvaise saison qui commençait serait consacrée à préparer de nouvelles approches.

Seize pièces de gros calibre avec leur personnel d'armement furent demandées à la Marine ; les batteries confiées au capitaine de vaisseau Rigault de Genouilly étaient dès lors constituées par cinquante-six pièces.

Les deux nuits qui suivirent cette première attaque furent employées à réparer les batteries de siége, à en construire deux nouvelles plus rapprochées de la place. Le feu recommença de notre côté, le 19 : il avait pour but d'opérer une diversion favorable aux travailleurs.

CHAPITRE VII

BLESSÉS DU 17 OCTOBRE DIRIGÉS SUR L'HOPITAL DE THÉRAPIA. — SCORBUTIQUES MIS EN TRAITEMENT SUR LA *Proserpine* ET LA *Belle-Poule*. — SUPPRESSION DE L'AMBULANCE DE BALTCHICK. — INSPECTION DE L'HOPITAL DE THÉRAPIA.

Le lendemain du combat, je visitai les blessés. Sur les vaisseaux, le service chirurgical avait fonctionné avec régularité. L'appareil de combat (1) se trouvait installé dans la cale des vaisseaux à voiles, autour du grand panneau. Après les pansements ou l'opération, les blessés étaient placés sur des matelas, soit dans le magasin général, soit dans les coursives. On avait consacré au poste chirurgical des vaisseaux à vapeur une partie du faux pont avec le magasin général pour annexe. Tous les chirurgiens-majors avaient fait preuve de sang-froid, de zèle, d'habileté. Pénétrés de l'importance de leur mission, ils avaient communiqué à leurs subordonnés les sentiments qui les animaient. L'amiral commandant en chef n'oublia pas, dans son ordre du jour, de témoigner sa haute satisfaction au service de santé.

Dans les batailles livrées à terre, la majorité des

(1) L'appareil chirurgical du combat est établi dans les parties basses du navire. Le poste qui lui est consacré est disposé pour recevoir provisoirement les blessés, pour pratiquer les opérations et les pansements.

blessures est occasionnée par les balles, blessures insignifiantes en apparence avec la balle ronde, plus irrégulières, plus en rapport déjà avec leur gravité réelle, quand elles dépendent de la balle cylindro-conique. Les plaies ou les piqûres par l'arme blanche, si nombreuses à la suite de l'invasion des tranchées, participaient de ces caractères de bénignité apparente. Dans tous ces cas, une exploration chirurgicale attentive peut seule permettre d'en apprécier les conséquences. Aux batteries de siége, on rencontrait parfois ces larges mutilations qui sont la règle dans les combats sur mer. Les projectiles pleins ou creux, reçus par les vaisseaux, appartenaient au plus gros calibre. Les blessures étaient donc causées par des masses de fer toujours considérables, broyant, à la manière du boulet, tout ce qui se trouve sur leur passage, déchirant ou brisant les résistances à la manière des éclats d'obus, de bombe et des éclats de bois. En face de ces formidables lésions, le chirurgien a besoin d'un sang-froid à toute épreuve pour se recueillir, se décider et agir. Je constatai avec satisfaction que mes camarades avaient mis en relief cette précieuse qualité, qu'ils avaient conquis, cette fois encore, une estime qui rejaillit sur notre corps tout entier.

Le chloroforme dont nous étions amplement approvisionnés, fut partout employé. Les amputations, les réductions de luxation, la régularisation des vastes pertes de substance, se firent sans le moindre retentissement. On n'ignore pas, dans l'armée, combien sont lugubres les environs des ambulances. Leur isolement a autant pour but de les maintenir dans de bonnes conditions d'hygiène, que d'épargner à ceux qui sont dans le voisinage les cris navrants des blessés et des opérés. Cet isolement n'est pas possible à bord. Les cris qui s'exhalaient jadis du poste des blessés portaient fatalement de tristes impressions dans tous les cœurs. Le bienfait du chloroforme est immense à ce point de vue. Une simple compresse, un cornet de papier garni d'un gâteau de charpie ont constitué nos seuls appareils d'inhalation. Il n'y a pas eu d'accidents.

Statistique des morts et des blessés pendant le combat du 17 octobre.

Ville de Paris.

Morts pendant le combat．．．．．．．．．．．．．．．．．．．．．．	4
Plaies de tête avec fracture du crâne．．．．．．．．．．	2
Fracture compliquée des deux jambes．．．．．．．．．．	1
Fracture du bras．．．．．．．．．．．．．．．．．．．．．．．．．．．．	1
Fracture comminutive du bras et de l'épaule gauche	1
Fracture de l'avant-bras．．．．．．．．．．．．．．．．．．．．．	1
Plaies contuses graves．．．．．．．．．．．．．．．．．．．．．．	10
Plaies contuses et contusions légères．．．．．．．．．．	21
	41

Valmy.

Morts pendant le combat．．．．．．．．．．．．．．．．．．．．	4
Fracture du crâne．．．．．．．．．．．．．．．．．．．．．．．．．．	1
Vaste plaie contuse à la fesse．．．．．．．．．．．．．．．．．	1
Fracture comminutive de la cuisse gauche, luxation du genou droit et fracture de l'avant-bras droit．．．．．．．．．．．．．．．．．．．．．．．．．．．．．．．．．．	1
Fractures comminutives avec plaie．．．．．．．．．．．．	3
Plaies contuses et contusions graves．．．．．．．．．．．	4
Contusions et plaies contuses légères．．．．．．．．．．	20
	34

Friedland.

Morts pendant le combat.....................	0
Fracture comminutive de la jambe............	1
Fracture du bras............................	1
Fracture de l'avant-bras....................	1
Fracture de la clavicule et luxation.........	1
Contusions..................................	15
Plaies contuses graves......................	4
Plaies contuses légères.....................	10
	43

Montebello.

Morts pendant le combat.....................	5
Amputations.................................	5
Fractures...................................	4
Plaies contuses.............................	10
	24

Alger.

Plaies contuses graves......................	4

Jean-Bart.

Morts pendant le combat.....................	1
Plaies contuses graves......................	5
Plaies contuses légères.....................	10
	16

Jupiter.

Fracture de côtes...........................	1
Fracture du premier métacarpien..............	1
Plaies contuses graves......................	5
Contusions..................................	5
	12

Marengo.

Plaies contuses.............................	9
Fracture de l'apophyse épineuse de la septième vertèbre cervicale........................	1
	10

CHARLEMAGNE.

Blessures diverses........................... 10

CANADA.

Morts pendant le combat................... 1
Blessures diverses........................... 7

                                              8

PRIMAUGUET.

Morts pendant le combat sur *la Ville de Paris*... 1
Plaies contuses reçues à bord de *la Ville de Paris*. 6

                                              7

HENRI IV.

Amputations.................................. 3
Plaies contuses 5
Contusions................................... 3

                                             11

BAYARD.

Amputation................................... 1

BATTERIE DE L'ANCIEN FORT GÉNOIS ARMÉE PAR LA MARINE.

Morts pendant le combat..................... 5
Amputations................................. 5
Blessures diverses.......................... 15

                                             25

Total général.

Morts pendant le combat..................... 31
Morts pendant les trois jours suivants...... 5

                                             36
Blessés..................................... 215

Les marins blessés aux batteries de siége furent soignés dans les ambulances de l'armée, et plus tard évacués sur les hôpitaux militaires de Constantinople. La batterie du fort génois, située sur la plage, resta seule sous notre responsabilité.

Ce tableau démontre que le service chirurgical eut amplement à fonctionner sur les vaisseaux formant la première ligne d'embossage.

La plupart des opérations furent faites pendant l'action par le chirurgien-major assisté d'un chirurgien de troisième classe et d'un nombre suffisant d'infirmiers. Le chirurgien de deuxième classe seul ou aidé par un chirurgien de troisième classe, selon le rang du vaisseau, recevait les blessés, les soumettait à un premier examen, appliquait un pansement provisoire ou définitif. Cette manière de procéder simplifia le service. Dans la soirée du 17, toutes les opérations d'urgence étaient pratiquées, les bandages à fractures appliqués, tous les blessés graves ou légers étaient pansés. L'hôpital de la Batterie fut immédiatement remis à notre disposition, et, si les nombreuses traces de boulets n'avaient rappelé le combat de la veille, on aurait cru visiter, le 18, des hôpitaux régulièrement constitués depuis plusieurs mois. Ce résultat doit être attribué à l'empressement de l'autorité, à l'esprit de prévision des chirurgiens-majors, à la bonne tenue des appareils chirurgicaux réservés pour les combats.

Pendant cette visite, je dressai la liste des blessés qui avaient besoin d'être transportés à l'hôpital de Thérapia.

La frégate *Orénoque* fut choisie pour ce transport. Installée en quelques jours pour ce nouveau service, elle reçut nos blessés ainsi que quatre cents quarante scorbutiques, dont l'état réclamait le séjour à terre et un régime spécial. Sur la côte de Crimée, nous n'avions que la ressource d'un petit hôpital russe, où nos scorbutiques les plus compromis étaient soignés par M. Rault, chirurgien en second du *Montebello*. L'usage de la salade de feuilles et de racines de pissenlit était le principal élément du régime et de la médication.

Malgré l'influence incontestablement salutaire des légumes de MM. Chollet et Masson, le scorbut continuait à s'infiltrer dans nos équipages. Je reviendrai plus tard sur ce sujet.

L'amiral Hamelin me donna la mission d'accompagner nos blessés à Thérapia et de faire l'inspection de l'hôpital. J'emmenai avec moi un chirurgien de troisième classe, plein de distinction, M. Lanquetin. Grâce au zèle du médecin de l'*Orénoque*, M. Mége, à l'assistance active de son second et de M. Lanquetin, ce transport favorisé par le temps s'accomplit aussi heureusement que possible.

De tous ces blessés dont un grand nombre exigeait des pansements longs, minutieux, je ne dirai quelques mots que d'un cas intéressant de chirurgie conservatrice.

M. le lieutenant de vaisseau, Zédée, aide-de-camp de l'amiral Hamelin, se trouvait sur la dunette, au moment de l'explosion de la bombe reçue par la *Ville de Paris*. La partie du pont occupée par cet officier fut défoncée et embrasée par cette explosion : lui-même projeté à un mètre de hauteur retomba sur des débris enflammés. Transporté immédiatement au poste des blessés, il présentait une fracture très-oblique des deux os de la jambe droite avec issue, à travers une déchirure de la peau, du fragment supérieur du péroné. Il y avait autour de la fracture située, en dedans, sur le tibia, à cinq centimètres de la malléole interne, en dehors, sur le péroné, à trois centimètres de la malléole externe, un mélange de contusion et de brûlure. Du côté gauche, la fracture des deux os de la jambe n'était qu'à un centimètre de l'articulation tibio-tarsienne. Son obliquité était peu sensible ; par la palpation on constatait la présence de deux esquilles sur le tibia. La peau était intacte, mais il y avait, en outre, une fracture du calcanéum. Telles étaient les lésions offertes par cet officier qu'on descendait au poste avec onze blessés, victimes de la même explosion. Le cas était sérieux et méritait réflexion. J'appliquai de chaque côté un bandage roulé maintenant les fractures ; des irrigations fraîches furent établies ; j'eus la bonne pensée d'éviter toute décision prématurée, me réservant de prendre un parti définitif, lorsque nulle distraction ne dérangerait mon examen.

Le combat fini, le service chirurgical terminé, je revis avec une minutieuse attention mon intéressant blessé. Les fractures avaient été maintenues réduites par l'appareil : les irrigations froides avaient conjuré l'extension du gonflement. La sensibilité était partout conservée, les douleurs étaient modérées.

Cet officier, âgé de vingt-cinq ans, vigoureusement constitué, avait un moral inébranlable ; je me décidai pour la conservation, sans me dissimuler les chances fâcheuses du transbordement et du voyage.

J'ai aujourd'hui la satisfaction d'avoir épargné à M. Zédée une affreuse mutilation et d'avoir conservé à la marine un officier appelé à un brillant avenir.

Tableau des blessures présentées par les marins faisant partie de ce convoi.

Navire	Blessure	Nb	Total
VILLE DE PARIS.	Fracture compliquée des deux jambes	1	9
	Fracture du cubitus droit	1	
	Plaies à la cuisse (déchirure par éclat de bois)	2	
	Plaie à la partie externe de la cuisse gauche (éclat d'obus)	1	
	Plaie contuse à la région fessière (par boulet)	1	
	Fracture du bras gauche	1	
	Contusion de l'œil gauche	1	
	Désarticulation du bras gauche	1	
HENRI IV	Amputations de la cuisse	2	6
	— de la jambe	1	
	Désarticulation du premier métatarsien gauche	1	
	Plaie contuse au dos (par boulet)	1	
	Contusion de l'œil	1	
VALMY	Amputation de la cuisse	1	5
	Fracture du bras gauche	1	
	Luxation du pied droit avec fracture du péroné	1	
	Fracture de la jambe droite	1	
	Plaie au genou droit	1	
BAYARD	Amputation de la cuisse	1	1
FRIEDLAND	Luxation et fracture de la clavicule droite	1	3
	Fracture de la jambe droite	1	
	Plaie à la jambe gauche	1	
MARENGO	Plaie profonde à la nuque par boulet, avec fracture de l'apophyse épineuse de la 7ᵉ vertèbre cervicale	1	2
	Contusion à l'épaule gauche	1	
ALGER	Plaie contuse à la fesse droite	1	3
	Fracture des os propres du nez avec plaie	1	
	Plaie contuse à la région lombaire	1	
MONTEBELLO	Amputations	5	9
	Fractures	4	

TOTAL des blessés transportés par l'*Orénoque*.... 38

La ville de Baltchick avait cessé d'être pour l'escadre une base d'opérations. Notre ambulance n'avait plus de raisons d'être. La plupart des malades étaient revenus sur leurs navires. Il fallait renoncer cet établissement privé de communications régulières avec les vaisseaux malgré vingt-cinq convalescents de choléra, capables à ce moment de reprendre leur service, et trente scorbutiques en voie de guérison. Les difficultés d'approvisionnement y avaient augmenté depuis notre départ ; l'amiral commandant en chef donna l'ordre de diriger sur le Bosphore les malades qui y restaient encore. Chargée de cette évacuation, la *Proserpine* devint frégate-hôpital. Elle s'établit, à son arrivée dans le Bosphore, en face du village de Thérapia. Je fus autorisé à répartir tous les scorbutiques sur la *Proserpine* et la *Belle-Poule*, qui stationnait à Béicos, depuis le commencement de la guerre, de manière à réserver l'hôpital de terre aux blessés et aux matelots atteints d'une profonde cachexie.

Un régime exceptionnel fut accordé à ces deux navires : viandes, poissons frais, légumes, fruits acidules, vin généreux. Lorsque le temps était beau, on préparait les aliments dans une petite caserne turque, dont j'avais obtenu la cession. Après une promenade consacrée à la récolte du cresson très-abondant sur la côte d'Asie, les scorbutiques prenaient leur repas, en plein air, divisés en groupes de dix.

La physionomie de ces hommes éprouvés par de rudes labeurs, par une longue confination à bord, par le régime salé, se modifiait, pour ainsi dire, à vue d'œil, en donnant l'assurance d'une prompte guérison. MM. Lamotte, chirurgien de première classe de la *Proserpine*, et Lauvergne, chirurgien-major de la *Belle-Poule*, se dévouèrent à ce service. Ils veillèrent autant aux distractions qu'au bien-être de ces marins. Leurs efforts furent couronnés d'un prompt succès.

Je m'occupai, en dernier lieu, de l'inspection de l'hôpital de Thérapia. Les blessés, arrivés depuis quelques jours, étaient dans les meilleures conditions. Aucun accident d'hémorrhagie ou de pourriture d'hôpital ne s'était montré. M. Arnaud avait eu soin de placer dans des quartiers séparés les blessés, les fiévreux, enfin les hommes atteints de scorbut profond. L'aération des salles était parfaitement entretenue, la propreté y régnait, le régime était irréprochable.

Une salle de bains distribuée avec intelligence permettait l'administration des bains simples ou minéraux et des bains de vapeurs. Ce petit hôpital où le chiffre des malades n'a jamais dépassé deux cent quarante, a été à l'abri des funestes complications observées dans les hôpitaux militaires de Constantinople. Nos pertes se limitèrent aux individus opérés sous une influence scorbutique très-prononcée. Chaque fois que le magnifique monument de Péra, susceptible de contenir deux mille malades, en renfermait mille à douze cents, la pourriture d'hôpital y devenait permanente.

Sur la recommandation de l'amiral Hamelin, M. Benedetti, chargé d'affaires à Constantinople, accueillit M. Zédée dans sa résidence de Thérapia et l'entoura des soins les plus délicats. Jusqu'à l'instant de mon retour dans la mer Noire, les irrigations froides avaient conjuré tout mouvement inflammatoire. Plus tard, deux érysipèles envahirent les jambes; il fallut extraire trois esquilles. M. Arnaud eut le mérite de mener à bonne fin cette double fracture.

Je termine ce chapitre par la liste des officiers et aspirants tués ou blessés dans les batteries de siége armées par la Marine, pendant le mois d'octobre :

13 octob. MM. DE LIBRAN, aspirant, contusion à la poitrine.
16 — DE CUBERVILLE, aspirant, large plaie contuse à la fesse droite par éclat d'obus.
17 — LIOTARD, aspirant, fracture du crâne; mort une heure après l'accident.
— — MICHEL, aspirant, amputation de la cuisse.
19 — MARTEL, lieutenant de vaisseau, plaie contuse à la jambe droite, avec entamure du tibia.
— — BIANCHI, lieutenant de vaisseau, contusion au bras.
— — DE LIBRAN, aspirant, plaie contuse à la tête.
20 — PICHON, capitaine de frégate, contusion à l'épaule.
— — DUPLESSIS, lieutenant de vaisseau, contusion au pied droit.
— — LÉVÊQUE, lieutenant de vaisseau, plaie aux paupières.
— — GUYON, enseigne, plaie contuse à la jambe.
22 — AMET, lieutenant de vaisseau, plaie contuse à l'épaule.

DIRIGÉS SUR L'HOPITAL DE THÉRAPIA.

ESCADRE DE LA MER NOIRE.

STATISTIQUE MENSUELLE.

Mois d'octobre 1854.

NOMS DES BATIMENTS.	NOMBRE DES MALADES.	REMIS A LEUR SERVICE.	ENVOYÉS AUX HOPITAUX.	RENVOYÉS EN FRANCE.	MORTS AUX HOPITAUX.	MORTS A BORD.	EFFECTIF DES ÉQUIPAG.
Ville de Paris	259	76	89	19	7	7	850
Montebello..	341	158	49	24	»	13	900
Friedland....	270	90	170	»	1	15	850
Jean-Bart....	125	90	2	13	»	3	831
Alger........	85	27	23	»	»	»	530
Marengo.....	175	99	8	»	3	2	687
Jupiter......	82	53	23	3	»	3	650
Mogador.....	28	18	»	1	»	»	290
Cacique......	56	33	»	»	»	»	264
Pandore.....	74	52	»	5	»	2	300
Primauguet...	59	42	2	3	1	1	184
Caton.......	43	30	»	»	»	»	131
Belle-Poule..	125	116	2	1	»	»	381
Totaux...	1722	884	368	69	12	46	6848

DÉSIGNATION DES MALADIES.		VILLE DE PARIS.	MONTEBELLO.	FRIEDLAND.	JEAN-BART.	ALGER.	MARENGO.	JUPITER.	MOGADOR.	CACIQUE.	PANDORE.	PRIMAUGUET.	CATON.	BELLE-POULE.
FIÉVREUX.	Fièvre typhoïde..........	12	18	3	5	3	3	»	1	»	1	»	»	5
	— intermitt. simple..	16	15	10	4	1	6	3	4	10	5	3	2	4
	— pseudo-continue..	»	»	3	»	»	»	»	»	»	»	»	»	»
	Variole.................	»	»	»	26	»	»	»	»	1	»	»	»	»
	Scorbut................	86	34	180	8	40	23	28	»	16	7	2	»	3
	Pleurésies simples.....	4	»	»	»	»	»	»	»	»	2	»	»	1
	— avec épanchement.	4	»	»	1	»	»	»	1	»	»	1	»	»
	Pneumonie............	1	8	2	2	1	1	1	»	»	1	1	1	»
	Dyssenterie............	24	15	12	24	5	1	»	»	»	2	»	1	»
	Diarrhée..............	16	45	15	4	4	23	9	7	4	9	8	4	10
	Choléra...............	1	1	»	2	»	»	»	»	»	2	»	1	»
	Rhumatisme...........	5	15	»	5	»	9	1	1	»	6	3	8	7
	Névralgie.............	3	»	2	1	»	»	»	»	»	4	»	»	2
	Maladies diverses......	72	96	114	18	20	71	27	4	15	22	27	11	81
Blessés.......................		78	99	37	30	13	55	19	10	9	12	17	14	14
Vénériens....................		1	2	»	1	1	5	»	1	»	2	»	4	2
Maladies cutanées.............		»	7	»	»	»	5	1	»	»	5	»	2	2
TOTAUX........		323	355	378	131	88	202	90	28	56	80	62	48	131

CHAPITRE VIII

NOVEMBRE 1854. — BATAILLE D'INKERMANN. — PROGRÈS DU SCORBUT. — OURAGAN DU 14. — NOUVELLE MISSION DANS LE BOSPHORE. — ENTRÉE DES SCORBUTIQUES DE LA FLOTTE DANS LES HOPITAUX MILITAIRES DE CONSTANTINOPLE.

Arrivé au terme de ma mission dans le Bosphore, je m'embarquai le 5 novembre sur le *Tanger* pour rallier l'escadre. J'étais le 7 sur le vaisseau-amiral.

Pendant mon absence, les assiégeants avaient continué leurs travaux d'approche ; quelques batteries nouvelles s'étaient élevées. Une première sortie des Russes tentée, la nuit, pour porter le désordre parmi nos travailleurs venait de subir une vigoureuse répression. Des renforts considérables ayant été introduits dans Sébastopol, nos ennemis essayèrent de réaliser un plan longuement médité : je veux parler de la journée d'Inkermann.

Le 5 novembre, à la faveur d'une brume épaisse, un corps d'armée russe, se dirigeant sur notre droite, vint établir sur l'un des plateaux d'Inkermann une batterie d'artillerie, qui ouvrit son feu sur les campements anglais. Peu d'instants après, la position occupée par nos alliés était envahie par une colonne puissante. Les régiments anglais, les gardes de la Reine surtout, résistèrent avec fermeté à l'agression des Russes supérieurs en nombre. Mais leurs rangs s'éclaircissaient, nos ennemis allaient recueillir le fruit de cette lutte inégale, lorsque parut le général Bosquet, à la tête de sa division. Après quelques charges irrésistibles, nos troupes, appuyées par une nombreuse artillerie à cheval, refoulèrent les masses moscovites et les rejetèrent dans la vallée de la Tchernaïa où, pendant plusieurs heures, elles furent labourées par nos projectiles.

Le général Canrobert, arrivé de bonne heure sur le champ de bataille, fut frappé au coude par un éclat d'obus.

Ce combat glorieux pour nos armes avait duré dix heures.

Pour faire diversion à cette attaque, les assiégés avaient, en même temps, opéré une sortie contre notre gauche. Le bataillon de la légion étrangère, qui défendait la partie des tranchées envahies, resta presque tout entier sur le terrain. La brigade du général de Lourmel opposa une résistance inébranlable. Bientôt le corps de siége prit les armes ; les Russes furent repoussés jusque sous les murs de la place. Entraîné par une belliqueuse ardeur, le général de Lourmel s'attacha à leurs colonnes avec acharnement. Peut-être eut-il un instant la pensée de se rendre maître de Sébastopol, en y pénétrant à la suite des fuyards ? Quoi qu'il en soit, atteint d'une balle en pleine poitrine, ce brillant officier général succomba, quelques jours après, dans une maisonnette religieusement respectée depuis.

Les pertes des ennemis furent considérables. Pendant plusieurs heures, ils effectuèrent une retraite précipitée et confuse sous des torrents de mitraille. D'après le récit des Anglais, huit mille Russes étaient restés sur le champ de bataille d'Inkermann. Nos alliés perdirent près de deux mille hommes parmi lesquels une centaine d'officiers, plusieurs généraux. Nous eûmes, de notre côté, trois cents hommes tués pendant l'action et six cents blessés. Aux batteries de la marine, M. Contessouze, enseigne de vaisseau, reçut à la cuisse un éclat d'obus.

Quoique vainqueurs, les assiégeants comprirent le danger de leurs positions, en face de pareilles tentatives, si elles étaient renouvelées. On résolut de protéger la ligne des campements par un système de fortifications rendant la surprise impossible. La construction de ces importants ouvrages diminua, pour quelque temps, le nombre des bras employés à la tranchée.

L'état sanitaire de l'escadre s'était aggravé. Le scorbut avait fait des progrès. Je le rencontrai sur tous les bâtiments sans exception : sur plusieurs, la proportion des hommes atteints menaçait d'y compromettre le service. Il est indispensable d'étudier la progression de la nouvelle épidémie qui nous frappait.

Pendant le deuxième trimestre, j'avais signalé trente cas de scorbut.

Le trimestre suivant, alors que le choléra exerçait ses ravages, le chiffre des scorbutiques s'était élevé à cinq cent trente-un. Sans les mesures hygiéniques adoptées avec empressement par l'amiral Hamelin, nous en aurions eu un plus grand nombre encore.

A partir du mois d'octobre, l'extension de cette maladie s'opère avec une violence inusitée. On me signale, pour ce mois, quatre cent vingt-sept scorbutiques, c'est-à-dire, à peu près autant que dans le trimestre précédent.

En novembre cette extension devient alarmante : nous comptons, dans la première quinzaine, plus d'un millier de scorbutiques sur les six vaisseaux au mouillage de la Katcha.

Afin d'être plus vite initié à la situation de chaque bâtiment, je pris les ordres de l'amiral pour convoquer, le lendemain de mon arrivée, tous les chirurgiens-majors sur la *Ville de Paris*.

A la suite de cette conférence j'adressai à l'amiral la note suivante : « Conformément à vos ordres, je viens de réunir MM. les chirurgiens-majors, dans le but d'apprécier le degré de gravité de la situation sanitaire actuelle et de rechercher les moyens capables d'y porter remède.

« L'énumération des diverses phases traversées par l'escadre nous fournit un tableau saisissant des causes prédisposantes du scorbut : séjour prolongé des équipages sur les navires, influences marémateuses, épidémie de choléra, fatigues excessives de jour et de nuit. On comprend qu'au milieu de conditions si profondément dépressives, l'usage des viandes salées et des légumes secs soit devenu une cause déterminante de scorbut, pendant une saison froide et humide.

« En présence du nombre croissant de nos scorbutiques, il est nécessaire d'apporter une modification radicale dans la nature du service imposé aux bâtiments. Quelques-uns vont se trouver dans l'impossibilité de naviguer, tant la proportion des malades s'y multiplie. Le *Friedland* n'a pas moins de quatre cents scorbutiques, le *Valmy*, la *Ville de Paris*, le *Montebello*, ne tarderont pas à se trouver dans une situation aussi défavorable.

« Un pareil exposé entraîne des conclusions fatales :

« 1° Donner du repos à des équipages surmenés ;

« 2° Leur procurer, à tout prix, de la viande, des légumes frais, des fruits acidules ;

« 3° Pour réaliser ces importantes propositions d'hygiène, dont j'apprécie toutes les difficultés pratiques, soustraire une partie des bâtiments à la station de Crimée, en les envoyant refaire la santé de leurs marins dans le Bosphore. »

Comme preuve à l'appui, je signalais, en terminant, le total des scorbutiques répartis sur les six vaisseaux mouillés à la Katcha :

FRIEDLAND.	420
VILLE DE PARIS.	230
VALMY.	171
BAYARD.	125
JUPITER.	45
ALGER.	30 (1)
10 novembre 1854.	1021

Peu de jours après cette conférence, un affreux ouragan accélérait l'application de ces mesures. Des avaries graves nécessitaient l'envoi de plusieurs vaisseaux dans le port de Constantinople.

Pendant la journée du 13, le ciel s'était montré menaçant : le baromètre annonçait la tempête. S'estimant trop rapproché de la côte, le *Valmy* avait demandé à changer de mouillage. La nuit du 13 au 14 se passa à

(1) Je citerai ici un fait à l'appui de mes assertions. Au moment de la rédaction de cette note, l'*Alger* faisait partie des vaisseaux les plus favorisés, il n'avait que trente scorbutiques. Vingt-quatre jours après, il en signalait cent dix-huit.

prendre des précautions contre le mauvais temps. Une seconde ancre fut mouillée par ordre.

Le 14, à sept heures du matin, l'ouragan fit subitement explosion. Déjà depuis quelques heures, de sombres nuages s'amoncelaient à l'horizon, roulant vers nous du côté du sud-ouest. La mer devenue mugissante se creusait de plus en plus. Tout à coup des torrents de grêle et de pluie s'abattent sur nos têtes. Le vent souffle avec une violence inconnue. Les plus vieux navigateurs n'ont jamais assisté à pareille tourmente. On mouille une troisième ancre au signal de l'amiral.

Nos vaisseaux, dans cette lutte avec les éléments, offraient un spectacle aussi grandiose qu'émouvant. Retenus sur leurs ancres, ils plongeaient perpendiculairement dans l'abîme, laissant voir leur quille presque tout entière, puis se cabrant violemment, ils se relevaient, à la manière de chevaux indomptés, imprimant à leurs freins des secousses qui vibraient avec fracas. Dès les premiers instants, neuf magnifiques transports anglais avaient leurs chaînes brisées ; ils allaient eux-mêmes se briser sur la côte. Trois de nos plus beaux transports subissaient un sort égal. Nous apercevions des hordes de cosaques accourant au pillage.

A dix heures, le *Jupiter*, après avoir perdu deux ancres, chassait sur la troisième pour venir tomber sur le *Bayard*. Pendant quelques minutes, ces deux masses violemment agitées entrèrent en collision. Il semblait qu'elles allaient se broyer et couler ensuite. Le *Bayard* parvint à filer ses chaînes : il se dégagea en perdant son mât de beaupré ainsi que son gouvernail. Le *Jupiter* en fut quitte pour ses embarcations écrasées et quelques avaries.

La frégate anglaise *Sampson*, complétement démâtée, dut son salut à la force de sa machine à vapeur, autant qu'à l'habileté de sa manœuvre.

Un vaisseau turc, beaucoup de bâtiments de commerce rasèrent leur mâture pour offrir moins de résistance au vent. Plusieurs vaisseaux français ou anglais eurent leur gouvernail brisé par suite des violentes secousses qu'ils éprouvaient coup sur coup.

A trois heures, après midi, le temps perdit son caractère désastreux. Il s'améliora insensiblement pendant la nuit; le lendemain, il était à peu près maniable.

La rade d'Eupatoria fut le théâtre de sinistres non moins déplorables. Le vaisseau français *Henri IV*, remarquable par l'élégance de sa construction, se perdit contre la côte, malgré les efforts surhumains de son commandant (1), de son état-major et de son équipage. Le *Pluton* subit le même sort, entraîné par un bâtiment de commerce que l'ouragan poussa contre lui. Le *Lavoisier*, commandé par M. Dieudonné, résista à la tempête; il apporta à l'amiral la nouvelle de ce double naufrage.

La situation sanitaire de l'escadre, les avaries de plusieurs vaisseaux, pendant ce coup de vent, interdisaient l'hésitation. Le *Valmy*, le *Bayard*, le *Jupiter*, la *Ville de Paris* avaient besoin de grandes réparations. Ces vaisseaux, après avoir pris tous les scorbutiques, vinrent s'établir au fond du port de Constantinople, dans la Corne d'Or. Avec le bénéfice d'un régime frais, d'une promenade journalière, ces malades attendirent

M. Jehenne, aujourd'hui contre-amiral.

que le gouvernement turc nous concédât un local destiné à compléter notre service hospitalier.

Je fus envoyé, une seconde fois, à Constantinople, pour la création d'un nouvel hôpital. Par l'intermédiaire de M. Bénédetti, un vaste pavillon de l'École navale nous fut cédé sur l'une des îles des Princes. Les lenteurs du gouvernement turc furent vaincues par la persévérance de notre chargé d'affaires. Grâce à ses démarches réitérées et à sa légitime influence, nous prîmes possession de cet établissement à la fin du mois.

En présence de ces retards, je voulus débarrasser les vaisseaux récemment arrivés de Crimée des scorbutiques les plus graves. Je m'adressai à M. l'inspecteur général du service de santé militaire et à M. l'intendant en chef. Les nombreux hôpitaux créés par eux suffisaient largement aux besoins de l'armée, pour le moment. Ce qui faisait défaut, c'était le personnel médical; je pouvais venir à leur secours sous ce dernier rapport. M. l'inspecteur général Michel Lévy, M. l'intendant Angot, accueillirent ma demande avec le plus gracieux empressement. En revanche, je mis à leur disposition cinq chirurgiens de la marine : MM. Lamotte, chirurgien de 1re classe, Vincent, chirurgien de deuxième classe, Lanquetin, Landragin et Fleury, chirurgiens de troisième classe.

Le 30 novembre, cent scorbutiques furent dirigés sur l'hôpital de Ramitchiflic; trois cents autres, moins compromis, sur l'hôpital de Daoud-Pacha. Je rendis immédiatement compte à l'amiral Hamelin de mes démarches et de l'accomplissement de cette mesure.

ESCADRE DE LA MER NOIRE

STATISTIQUE MENSUELLE.
Mois de novembre 1854.

NOMS DES BATIMENTS.	NOMBRE DES MALADES.	REMIS A LEUR SERVICE.	ENVOYÉS AUX HOPITAUX	RENVOYÉS EN FRANCE.	MORTS AUX HOPITAUX	MORTS A BORD.	EFFECTIF DES ÉQUIPAG.
Ville de Paris	246	50	160	3	»	7	700
Montebello..	224	160	5	9	»	1	1002
Friedland ...	250	60	70	»	7	10	730
Jean-Bart....	122	65	1	3	11	2	821
Marengo.....	206	57	61	3	»	»	696
Alger.......	170	45	69	»	»	2	537
Jupiter......	110	55	62	5	3	2	794
Pomone.....	140	110	6	»	»	3	363
Pandore.....	50	27	»	»	»	1	260
Montézuma..	42	28	»	»	12	»	185
Vauban......	67	26	»	»	»	»	275
Caton.......	84	65	»	»	»	»	133
Mogador.....	39	22	»	»	»	»	286
Primauguet..	75	45	10	»	»	1	180
Totaux.	1825	815	444	23	33	29	6962

NOVEMBRE 1854.

DÉSIGNATION DES MALADIES.		VILLE DE PARIS.	MONTEBELLO.	FRIEDLAND.	JEAN-BART.	MARENGO.	ALGER.	JUPITER.	POMONE.	PANDORE.	MONTÉZUMA.	VAUBAN.	CATON.	MOGADOR.	PRIMAUGUET.
FIÉVREUX	Fièvre typhoïde	2	»	»	2	»	»	»	1	»	»	»	»	1	»
	Fièvre intermittente	10	6	15	2	9	5	»	1	»	»	»	»	1	»
	Variole	»	»	»	16	»	»	»	1	»	»	»	»	»	»
	Scorbut	120	22	190	16	70	118	62	71	10	»	41	»	»	41
	Angines	8	8	3	4	6	1	1	3	»	»	»	»	2	»
	Bronchite	24	39	3	10	48	7	9	13	6	4	7	19	3	10
	Pleurésie	2	»	2	1	2	»	»	1	5	»	»	»	4	»
	Pneumonie	2	2	»	4	2	6	»	»	»	»	»	1	»	»
	Phthisie pulmonaire	1	»	»	»	»	»	2	»	»	1	»	»	1	1
	Dyssenterie	19	9	5	7	1	10	2	5	7	1	»	»	»	»
	Diarrhée	13	38	6	7	11	8	7	9	3	5	9	5	4	2
	Choléra	»	2	»	»	»	»	»	»	»	»	»	»	»	»
	Ictère	3	2	»	»	2	1	»	2	»	»	»	»	»	»
	Rhumatisme	2	»	»	2	10	2	»	3	2	2	2	1	2	2
	Névralgie	»	»	3	2	»	»	1	»	»	»	»	»	1	»
	Maladies diverses	8	13	1	8	»	»	»	5	4	8	»	33	2	»
Blessés		27	81	20	35	41	7	25	29	10	16	8	23	19	19
Vénériens		2	2	»	2	2	2	1	»	1	»	»	»	»	»
Maladies de peau		3	»	2	4	2	3	»	»	3	»	»	»	»	»
TOTAUX		246	224	250	122	206	170	110	140	50	42	67	84	39	75

CHAPITRE IX

DÉCEMBRE 1854. — PERSISTANCE DU SCORBUT DANS LA STATION DE CRIMÉE. — AMÉLIORATION RAPIDE DE CETTE AFFECTION SUR LES VAISSEAUX ENVOYÉS A CONSTANTINOPLE. — HOPITAL FRANÇAIS DES SŒURS DE SAINT-BENOIT. — INSTALLATION DU MATÉRIEL DE L'HOPITAL DE L'ILE DES PRINCES (KALCHI). — DÉPART DE L'AMIRAL HAMELIN.

Malgré la forte évacuation de malades d'octobre et de novembre, le scorbut continuait à prendre de l'extension sur tous les navires maintenus devant Sébastopol. En jetant les yeux sur la statistique du mois de décembre, on sera édifié sur cette assertion. Au contraire, les bâtiments envoyés dans le Bosphore n'offraient que quelques cas disséminés et bénins. Si la *Ville de Paris* conservait une proportion élevée, c'est qu'elle recevait journellement tous les marins de l'escadre atteints de cette affection. L'amiral Hamelin porta à dix centimes, par homme et par jour, le supplément alloué pour achat de légumes verts, pendant le temps passé dans le Bosphore. A la faveur de cette mesure, les tables des matelots étaient journellement approvisionnées en salades, en fruits. La métamorphose opérée par ce régime fut instantanée. Ceux qui présentaient des symptômes de scorbut confirmé, les virent disparaître ; ceux plus nombreux qui éprouvaient cette débilité musculaire, cette horreur du mouvement, qui en constituent les avant-coureurs, furent, après peu de jours, rendus à une santé parfaite.

Je ne veux pas oublier l'hôpital français de Saint-Benoît, dont nous disposions à notre gré. En vertu d'un marché passé entre cet ordre hospitalier et M. Michelin, notre commissaire d'escadre, les malades des bâtiments mouillés à Constantinople y étaient reçus, depuis le commencement de la campagne. Dans les circonstances actuelles, les scorbutiques du *Friedland* profitèrent de cette convention. Il est inutile d'ajouter que ces bonnes sœurs ont prodigué à nos marins les soins les plus dévoués.

Nous avions, dans cet hôpital, douze chambres parfaitement tenues pour nos officiers. La dégénérescence ulcéreuse ou pultacée des plaies ne s'y montra jamais. Tandis que le grand hôpital de Péra, situé à peu de distance, en subissait les atteintes les plus meurtrières, je voyais deux jeunes aspirants, MM. Michel et Cuberville (1), l'un amputé de la cuisse, l'autre atteint d'une vaste plaie contuse à la fesse, obtenir, à Saint-Benoît, une prompte guérison. Le mérite de la cure revenait à l'isolement favorable dans lequel ils étaient placés. De toutes les causes fâcheuses qui pèsent sur les blessés des armées, l'agglomération est sans contredit la plus redoutable ; c'est précisément la plus difficile à éviter.

Au milieu de décembre, l'École de marine turque, située sur l'île de Kalchi, faisant partie du groupe désigné sous

---

(1) M. Cuberville, blessé devant Sébastopol, avait été dirigé sur Péra, où l'atteignit la pourriture d'hôpital. Il guérit rapidement chez les sœurs.

le nom d'îles des Princes, nous fut cédé. A cause de leur position, devant l'entrée du Bosphore, de leur riche végétation, ces îles sont recherchées par les classes aisées qui y multiplient les maisons de plaisance. Nous occupâmes un vaste pavillon entièrement neuf. Quelques travaux, peu onéreux pour l'administration de la marine, suffirent pour l'adapter à sa nouvelle destination. Leur direction fut confiée à un officier supérieur doué de la plus délicate philanthropie. M. de Bouchaud, commandant la *Pandore* attachée à la station de Kalchi, se dévoua à cette œuvre d'installation avec le zèle le plus méritoire. Bientôt la cuisine, la buanderie, la pharmacie furent en état de fonctionner. Les modifications de détails nécessaires, soit pour les salles de malades, soit pour les logements des médecins, des divers employés, s'accomplirent avec rapidité.

Je m'empressai d'écrire à M. le contre-amiral Lugeol, commandant la station du Bosphore, pour lui signaler le nombre des lits, matelas, traversins, draps de lit, couvertures, chemises, pintes, gobelets, écuelles, bassins de commodité, dont nous avions besoin. Peu de temps après, tous ces objets arrivaient à Kalchi, livrés par les navires qui effectuaient leur retour en France.

Avant la fin de décembre, l'hôpital de l'Ile-des-Princes, garni de trois cents lits, était prêt à recevoir des malades dans des salles aussi bien aérées que bien chauffées.

M. le vice-amiral Hamelin, promu à la dignité d'amiral, arrivait à Constantinople, le 25 décembre. Malgré la brièveté de son séjour, il m'invita à l'accompagner dans nos hôpitaux. Il adressa des paroles consolantes à ceux qui souffraient et des éloges aux médecins qui leur prodiguaient des soins. Plusieurs blessés du 17 octobre étaient en état de rentrer en France, il les fit embarquer sur le *Christophe-Colomb* qui le ramenait lui-même.

Une dépêche ministérielle me maintenait à la tête du service de santé, auprès de M. le vice-amiral Bruat, devenu commandant en chef de l'escadre de la mer Noire.

Ce ne fut pas sans émotion que je me séparai de mon amiral. J'avais été témoin de sa sérénité dans le combat comme dans la tempête. Sa sollicitude s'était montrée inépuisable durant l'épidémie de choléra. Chaque fois qu'il s'agissait d'améliorer l'hygiène du matelot, la situation des malades, je pouvais compter sur son empressement. Marin consommé, homme de guerre inébranlable, il venait d'obtenir la juste récompense d'une carrière consacrée entièrement au service de son pays.

M. le contre-amiral, comte Bouët-Willaumez, l'accompagnait. Doué d'une admirable aptitude au travail, d'une fécondité d'esprit rare, d'une force morale éprouvée, notre chef d'état-major possédait encore cette bienveillance qui commande l'affection.

Tous les membres (1) de cet état-major général, avec lesquels je vivais dans une étroite intimité, allaient revoir la France !....

---

(1) MM. Garnault et Grivel, aides de camp, Michelin, commissaires d'escadre, Imbert, secrétaire de l'amiral, Cresp, aumônier supérieur.

J'écrivis immédiatement à l'amiral Bruat pour prendre ses ordres. Il me maintint dans le Bosphore jusqu'à ce que le fonctionnement de l'hôpital de l'Ile-des-Princes fût régularisé. Le personnel médical du vaisseau *Henri IV*, renforcé de celui de l'ambulance de Baltchick, s'établit à Kalchi, et le 1ᵉʳ janvier 1855, les malades y arrivaient.

CHAPITRE X

ÉPIDÉMIE DE SCORBUT DE LA FLOTTE. — MESURES HYGIÉNIQUES ADOPTÉES POUR LA COMBATTRE. — MALADIES QUI SÉVISSAIENT A LA FIN DE L'ANNÉE 1854. — RÉSULTATS CHIRURGICAUX DE L'HOPITAL DE THÉRAPIA.

Une épidémie de scorbut frappant la plus belle escadre que la France eût possédée depuis un grand nombre d'années, alors que tant de progrès ont été accomplis dans l'art de la navigation, que le bien-être des marins est devenu l'objet d'une attention constante, a fait naître, avec raison, une surprise générale.

Le scorbut est une maladie qui consiste dans une altération du sang admise déjà par Boërhaave, par Van-Swieten, et, plus tard, par Lind, qui décrivit avec exactitude l'état de ce fluide. De nos jours, la chimie pathologique a cherché à pénétrer le mystère de cette altération. Magendie, produisant l'analyse de Fremy, l'a attribuée à la prédominance des sels alcalins. Telle était l'opinion d'Huxham, qui compare le sang des scorbutiques à du sang mêlé, au sortir de la veine, à une certaine proportion d'alcali volatil. Il est curieux de rapprocher l'expérience d'Huxham, la doctrine de Magendie d'un fait plus moderne : La seule maladie dans laquelle on a trouvé dans le sang un excès d'alcali, c'est le choléra caractérisé par la coagulation de ce fluide.

Dans ces derniers temps, le docteur Glascow est arrivé à des résultats contraires. A la suite d'expériences répétées, il a conclu que le sang des scorbutiques était privé des sels de potasse qu'il doit normalement contenir. Il a ajouté des sels de potasse à l'alimentation, et il a guéri. La démonstration ne me paraît pas convaincante. Il a guéri des scorbutiques sous l'influence d'un régime réparateur, de conditions hygiéniques salutaires, malgré l'adjonction des sels de potasse. Pour moi, j'ai administré, selon sa méthode, des sels de potasse ; l'état des scorbutiques soumis à cette médication, empira un peu plus vite.

MM. Andral et Gavarret ont résolu ce problème. Il y a, dans le scorbut, diminution de la fibrine et des globules. Cette altération résulte de la rupture d'équilibre entre la nutrition et la dépense, entre l'assimilation et les forces produites.

En se plaçant à ce point de vue, on se fait une idée nette de cette maladie, dont les symptômes variés relèvent tous de cette altération primitive. On peut encore admettre avec M. le professeur Beau que la fibrine n'est pas seulement diminuée dans sa proportion, mais encore qu'elle est imparfaitement coagulable, ce qui, toutefois, exigerait une démonstration rigoureuse.

Beaucoup de médecins n'ont voulu voir dans cet état pathologique que le résultat d'une cause unique. Depuis Walther qui croyait à des exhalaisons subtiles, imperceptibles, de l'air de la mer, Rouppe qui trouvait dans le froid la cause déterminante, Lind lui-même, qui considérait l'humidité comme la cause par excellence, les uns ont accusé la nourriture salée, les autres l'usage du biscuit, ceux-ci l'absence de végétaux frais, ceux-là l'air confiné, d'autres encore la nostalgie.

Le scorbut doit être attribué à l'usage exclusif et prolongé des vivres de campagne, mais il est singulièrement favorisé dans son apparition par toutes les causes souvent complexes qui concourent à la débilitation de l'organisme. Ceci s'applique au scorbut de l'armée comme à celui de la flotte.

Les viandes salées, le biscuit, les légumes secs sont capables de sustenter, pendant quelque temps. Si leur usage exclusif est imposé, au delà de certaines limites, par les nécessités de la guerre ou de la navigation, le scorbut se manifeste; son extension devient d'autant plus facile que d'autres causes secondaires interviennent, pour déprimer des organismes déjà atteints dans leur nutrition.

Appauvrissement du sang dans sa fibrine et ses globules, telle est donc la caractéristique du scorbut.

Cet appauvrissement a son point de départ dans les mauvaises conditions de l'alimentation. Il faut pourtant se garder de confondre le scorbut avec les accidents de l'inanition. L'insuffisance du régime n'est pas capable de le faire naître. Il me semble dépendre de l'usage des viandes salées dépouillées par une longue macération dans la saumure de leurs meilleurs éléments nutritifs. Les salaisons, non mitigées par des fruits et des légumes frais, ne tardent pas à déterminer le scorbut à bord comme à terre.

Passons en revue les causes secondaires auxquelles

j'ai fait allusion. Par suite des difficultés d'approvisionnement d'une flotte nombreuse, d'une armée plus nombreuse encore, le pain laissa parfois quelque chose à désirer, sous le rapport de la qualité de la farine comme sous celui de la fabrication.

Le vin de ration fut généralement bon. Exceptionnellement nous avons reçu du Bosphore des vins de qualité inférieure. Quelle que soit la vigilance administrative, ces inconvénients resteront inséparables des approvisionnements opérés sur une vaste échelle.

Les légumes préparés par les procédés de MM. Chollet et Masson alternèrent fréquemment avec les légumes secs. C'est une avantageuse modification dans l'alimentation des équipages. Je me félicite d'avoir concouru à ce progrès, sans me faire illusion sur leur valeur analeptique. Ils contribuent à varier le régime; privés de leur eau de végétation, ils ne remplacent pas les légumes frais. S'il fallait opter entre le suc de citron conservé et ces légumes pressés, j'inclinerais pour le premier qui a rendu d'incontestables services aux Anglais.

Jetons maintenant un coup d'œil sur les fatigues imposées aux marins, pendant cette campagne.

L'embarquement, le débarquement d'une armée, d'un puissant matériel de guerre, les exercices fréquents pour tenir l'instruction militaire des équipages à la hauteur de la lutte qui se préparait, les corvées permanentes de jour et de nuit, sont à prendre en considération, quand il s'agit de causes débilitantes.

Un long séjour à bord mérite d'être mentionné

au même titre. Plusieurs matelots de l'escadre de la Méditerranée n'avaient pas mis pied à terre depuis deux ans. N'est-ce pas une cause importante d'étiolement pour l'organisation humaine? Si adoucie qu'elle soit, la discipline pesait journellement sur ces hommes et j'ai souvent pensé aux conséquences de la contrainte morale sur des natures pour lesquelles l'expansion est un impérieux besoin.

Le mouillage de Bésica avait jeté sur nos navires les germes d'affections paludéennes qui ont longtemps dominé la pathologie. L'escadre de l'Océan avait échappé à cette influence; éprouvée aussi cruellement par l'épidémie de choléra, elle ne tardait pas à se trouver, pour ainsi dire, au diapason de son aînée. L'homme n'est pas impunément soumis aux causes connues ou inconnues qui président au développement des maladies épidémiques.

Après avoir signalé la cause efficiente du scorbut, j'ai indiqué la série des causes qui, pour n'avoir joué qu'un rôle secondaire, n'en devaient pas moins être citées.

Que l'humidité permanente de l'atmosphère ait concouru au même but, je l'accorde sans peine. C'est une influence débilitante de plus, sans caractère spécial.

Les parages de la Crimée ont été accusés de produire la cause efficiente de cette épidémie. Cette opinion ne me paraît reposer sur aucun fondement sérieux.

A côté de cette étude étiologique, je vais faire connaître les mesures hygiéniques que je proposais à l'amiral Bruat, dans mon rapport de fin d'année.

La plus urgente amélioration à apporter dans le régime de l'escadre consistait à donner, sinon tous les jours, du moins trois ou quatre fois par semaine, des repas de viande, de légumes, de fruits frais. Sans me dissimuler qu'il était plus facile d'indiquer cette salutaire modification que de la réaliser, j'insistais sur son opportunité. L'administration triompha de tous les obstacles. Chaque navire apporta du Bosphore un chargement de quartiers de bœuf suspendus à ses haubans. Grâce à la rigueur de la saison, ils arrivaient en parfait état de conservation sur les côtes de Crimée.

Il était non moins indispensable de faire entrer dans la ration des fruits et des légumes frais. Les pommes de terre, les oignons n'étaient pas d'un prix très-élevé à Constantinople. Leur transport présentait peu de difficultés ; nos équipages en furent abondamment pourvus.

Chaque chirurgien-major disposa d'un approvisionnement de citrons, d'oranges, qu'il distribuait, le matin, pendant sa visite.

Enfin, le contrôle le plus sévère s'exerça sur le pain, le vin, les conserves livrées à la consommation.

Nos efforts furent couronnés par le succès. Le nombre des scorbutiques diminua.

En dehors de ces mesures d'une urgence immédiate, j'exprimais quelques vœux.

Les heures de repas sont fixées, à bord, en vue de la commodité du service et non de la santé du marin. Le premier repas se fait à cinq heures du matin : il consiste en une soupe au café. Un intervalle de sept heures le sépare du dîner fixé à midi. Ce laps de temps est trop long ; j'ai fréquemment entendu les hommes s'en plaindre. Le souper se fait à quatre heures ; il est trop rapproché du dîner.

En toute saison, le réveil a lieu à cinq heures. L'équipage, partagé en deux bordées, se divise le service de chaque nuit, de sorte que la première bordée est sur pied de six heures du soir à minuit, la seconde de minuit à cinq heures. Cinq ou six heures de sommeil ne sont point suffisantes à des travailleurs.

Les matelots, si exposés aux intempéries, n'ont pas de vêtement imperméable réglementaire. C'est à leur industrie ou à leur bourse qu'ils doivent celui qui les protége parfois. Ne serait-il pas juste de leur accorder un caban imperméable ?

Le choléra avait absorbé la pathologie pendant le troisième trimestre ; le scorbut fut l'affection dominante pour les derniers mois de l'année.

Avec le froid, avaient apparu les bronchites, les pleurésies, les pneumonies, ce qui n'empêcha pas les diarrhées et les dyssenteries de se maintenir dans une proportion assez élevée. Parmi les angines, quelques-unes affectèrent la forme diphthéritique. Le commandant en second de la *Pomone* fut victime de cette grave complication.

Des cas isolés de choléra se montrèrent, soit à Kamiesch, soit dans le Bosphore. Le commandant de la *Sémillante*, un officier de la *Persévérante* succombèrent le lendemain de l'invasion.

Plusieurs rhumatisants durent être dirigés sur la France.

Il me reste à dire quelques mots des résultats chirurgicaux obtenus à Thérapia. Quarante vastes plaies par boulets, éclats d'obus ou de bois, compliquées ou non de corps étrangers, de sphacèle, etc., y ont été en traitement depuis le mois d'octobre. Sur ce nombre, il n'y a eu que quatre décès.

Je me souviens d'avoir suivi, avec beaucoup d'intérêt, un cas fort curieux se rapportant à ces énormes pertes de substance. Un matelot du *Napoléon* avait eu la région abdominale labourée par un boulet. Le tablier musculo-cutané presque complétement détruit laissait à nu, par larges éraillures, les anses intestinales enveloppées par le péritoine. Le mouvement péristaltique de l'intestin s'observait directement. La contraction du diaphragme, pendant l'inspiration, poussait en avant les viscères abdominaux, la réaction normale des parois abdominales manquait à l'expiration. La respiration ne fut jamais gênée, un bourgeonnement régulier s'établit ; les forces, l'appétit ne laissaient rien à désirer. Pendant plus de vingt jours, la guérison sembla possible. Au vingt-septième jour, des symptômes de péritonite précédèrent la mort de quelques heures.

Sur cinq amputations de la cuisse, quatre arrivèrent à une terminaison favorable.

Les deux seuls amputés de la jambe guérirent.

Deux amputés du bras eurent une fin malheureuse.

Trois amputations du poignet aboutirent à la guérison.

Pas d'insuccès dans trois ablations de doigts ou d'orteils.

Le résultat obtenu pour les fractures fut aussi satisfaisant.

M. Arnaud acheva très-honorablement l'œuvre bien commencée par ses collègues.

ESCADRE DE LA MER NOIRE

STATISTIQUE MENSUELLE

Mois de Décembre 1854

NOMS DES BATIMENTS.	NOMBRE DES MALADES.	REMIS A LEUR SERVICE.	ENVOYÉS AUX HOPIT.	RENVOYÉS EN FRANCE.	MORTS AUX HÔPITAUX	MORTS A BORD.	EFFECTIF DES ÉQUIPAG.
Ville de Paris.	152	77	5	10	6	4	800
Montebello....	360	216	65	»	»	9	1050
Jean-Bart.....	165	72	19	1	»	2	711
Friedland.....	133	52	30	22	»	4	845
Bayard........	100	60	9	15	»	1	885
Marengo......	200	96	29	28	»	»	692
Alger.........	124	52	22	»	»	6	788
Jupiter........	67	42	22	»	»	»	700
Vauban........	90	41	»	»	»	2	345
Cacique.......	80	57	8	2	»	1	320
Mogador.......	35	18	5	6	»	»	304
Pomone........	197	174	4	3	»	1	360
Canada........	110	83	»	»	»	1	265
Aigle.........	31	25	»	»	»	»	103
Vautour.......	15	9	»	»	»	2	106
Primauguet....	97	5	24	»	»	»	202
Mégère........	36	21	6	2	»	»	95
Caton.........	50	32	»	»	»	1	142
Totaux..	2042	1132	248	89	6	34	8713

DÉSIGNATION DES MALADIES.		VILLE DE PARIS.	MONTEBELLO.	JEAN-BART.	FRIEDLAND.	BAYARD.	MARENGO.	ALGER.	JUPITER.	VAUBAN.	CACIQUE.	MOGADOR.	POMONE.	CANADA.	AIGLE.	VAUTOUR.	PRIMAUGUET.	MÉGÈRE.	CATON.
FIÉVREUX.	Bronchite.....	19	75	18	5	17	37	15	6	10	13	5	32	21	5	1	8	4	17
	Choléra.......	»	»	»	»	»	»	3	2	»	»	»	»	5	»	»	»	»	»
	Cholérine.....	»	»	1	»	»	»	»	»	»	1	1	»	»	»	»	»	»	»
	Diarrhée......	17	29	6	»	11	5	5	11	6	12	»	16	18	4	1	2	2	16
	Dyssentérie...	13	2	14	22	1	3	»	1	4	1	1	8	2	»	»	»	»	»
	Fiév. intermitt.	7	1	2	25	4	1	5	»	»	8	»	»	14	»	1	»	»	1
	— rémittente.	»	»	»	10	»	»	»	»	»	»	»	»	5	»	»	1	»	1
	— typhoïde..	»	8	1	4	3	»	8	»	»	»	»	»	»	»	»	»	»	»
	Angine........	8	2	2	»	3	4	1	2	3	1	1	6	2	1	1	3	»	1
	Névralgie.....	2	2	2	3	2	»	1	1	»	»	»	»	»	»	2	2	»	»
	Pleurésie.....	2	2	2	»	»	3	»	»	1	2	»	»	»	»	»	»	»	1
	Pneumonie....	2	4	1	5	3	»	6	2	»	1	»	»	1	»	»	»	»	1
	Rhumatisme..	8	6	1	»	5	7	4	»	»	»	2	4	»	»	»	3	4	2
	Scorbut.......	55	87	70	10	20	57	54	3	58	26	4	95	»	»	»	52	9	1
	Variole.......	3	1	»	»	»	»	3	»	»	»	»	»	»	»	»	»	»	»
	Rougeole.....	»	»	»	»	»	»	»	»	»	»	»	»	»	»	»	»	»	»
	Malad. diverses	»	34	4	»	5	9	7	10	»	3	»	10	9	9	8	2	8	»
Blessés.................		9	100	37	39	24	70	8	25	7	11	21	25	27	8	1	15	8	12
Vénériens..............		3	1	2	6	»	1	1	4	1	1	»	»	5	4	»	»	»	»
Maladies de peau.......		4	7	2	4	2	3	3	»	»	»	»	1	1	»	»	»	2	»
TOTAUX......		152	361	165	133	100	200	124	67	90	80	35	197	110	31	15	88	37	52

CHAPITRE XI

JANVIER 1855. — OUVERTURE DE L'HOPITAL DE L'ILE-DES-PRINCES. — CONDITIONS ATMOSPHÉRIQUES RIGOUREUSES. — CONGÉLATIONS. — ACTIVITÉ DU SERVICE DE LA MARINE A KAMIESCH. — TRANSPORT DES MALADES DE L'ARMÉE. — ÉTAT SANITAIRE DE LA FLOTTE. — IVRESSES MORTELLES.

Le 1er janvier 1855, l'hôpital de l'Ile-des-Princes entra en fonction. La station de Crimée avait reçu l'ordre d'évacuer la totalité de ses malades sur le *Lucifer* et le *Montézuma*, qui firent immédiatement route pour le Bosphore.

En visitant ces malades à leur arrivée, je trouvai vingt et un d'entre eux atteints d'affections chroniques variées. Il leur fallait des soins de longue durée, le bénéfice d'une convalescence dans leur famille : je les répartis sur les navires effectuant leur retour en France. Une centaine de scorbutiques passa du *Lucifer* et du *Montézuma* dans notre nouvel hôpital, qui s'ouvrit, en outre, à tous les marins provisoirement traités dans les hôpitaux militaires. Les malades qui, soit à bord des navires actuellement dans le Bosphore, soit à Thérapia, avaient besoin d'un repos de plusieurs mois dans leurs foyers, furent embarqués pour Toulon. L'escadre se débarrassait ainsi de ses non-valeurs ; le dégagement des hôpitaux nous permettait de faire face à toutes les éventualités.

Plusieurs officiers de santé n'étaient plus en état de continuer le service actif. MM. Moufflet, Louvel, Lataud, furent remplacés, le premier, sur le *Napoléon* par M. Foll, le second, sur le *Cacique*, par M. Romain, le troisième, sur le *Marengo*, par M. Debout.

Ces mesures adoptées, je quittai Constantinople pour me rendre auprès de l'amiral Bruat.

A ce moment, les rives du Bosphore étaient couvertes de neige, plusieurs coups de vent s'étaient fait sentir, d'épaisses brumes obscurcissaient journellement l'air, le thermomètre se maintenait de quelques degrés au-dessous de zéro.

En Crimée, les rigueurs de la saison présentaient infiniment plus d'âpreté. Les tempêtes s'y succédaient : jusqu'au 21 janvier, le thermomètre oscillait entre 8 et 10 degrés au-dessous de zéro.

Malgré l'inclémence du temps, le service imposé à la marine était des plus pénibles ; de longues corvées d'embarcation s'accomplissaient avec le froid, la pluie, la neige, pour le débarquement du matériel de siége, des vivres, des fournitures destinés à l'armée. De nombreux travailleurs étaient envoyés, chaque jour, à la plage, sous les ordres du directeur du port, M. le commandant Saisset. Les exigences pressantes de cette période du siége nuisaient à la régularité des repas. Il y avait abondance de vivres frais ; pourtant le scorbut ne se détachait de l'escadre qu'avec lenteur.

Une partie de la flotte était exonérée de ces corvées ; en revanche, mouillée en pleine mer devant l'entrée de Sébastopol, astreinte à une surveillance continuelle, aux exercices de la guerre, elle paya, dans une égale proportion, son tribut à la maladie et à la mortalité.

Le chiffre des militaires malades s'éleva, pendant ce mois, à dix mille environ. Je fus obligé d'en faire accompagner à Constantinople six mille cent trente-un par des chirurgiens de la marine. Ceux qui ont été affectés à ces transports de congelés, de cholériques, de diarrhéiques, de dyssentériques, de scorbutiques, de typhiques, de blessés de toute espèce, se souviennent des tableaux émouvants qui s'offraient à nos yeux. La guerre apparaissait dans toute son horreur ; des hommes épuisés par la maladie, à peine protégés par quelques lambeaux de couverture, arrivaient à la plage pour être embarqués sur des navires du commerce frétés à cet effet, car la marine impériale était débordée par les nécessités de ce service.

Pendant la visite de nos vaisseaux, je constatai que le scorbut régnait encore sur les équipages surmenés ; il imprimait un cachet désastreux aux affections intercurrentes. Pour Lind toute maladie aiguë, implantée sur cette cachexie, était fatalement mortelle. Sans partager cette opinion dans sa formule absolue, il faut convenir que c'est l'une des plus graves complications de la médecine des camps et des escadres.

De grandes améliorations avaient été introduites dans le régime : nous devions en attendre les résultats. Je suivais, pour ma part, avec autant d'intérêt que de satisfaction les progrès de la santé générale. Ces progrès n'étaient pas rapides, il est vrai, mais on ne pouvait s'en prendre qu'aux fatigues de la guerre.

Je rencontrai en Crimée une épidémie de variole dont

j'avais observé les premières manifestations à Constantinople. Elle se circonscrivit sur l'*Alger* et le *Marengo* d'une manière à peu près exclusive. Assez inquiétante par le nombre et la gravité sur l'*Alger*, elle fut bénigne partout ailleurs.

Les fièvres typhoïdes, les pleuro-pneumonies, à forme ataxique ou adynamique, les pleurésies avec épanchement se terminèrent le plus souvent d'une manière fâcheuse. La diarrhée séreuse, la dyssenterie, ces compagnes assidues des troupes en campagne, sévirent à bord comme à terre. La cachexie scorbutique compliquait ces états pathologiques, en aggravant singulièrement leur pronostic. A ces affections se rapportent les décès du mois de janvier.

Bien que nos corvées à terre fussent journalières, nous n'eûmes que de rares congélations limitées aux orteils. Le camp des marins jouit du même privilége.

Les cas de congélation se montrèrent dans la troupe, avant que le thermomètre descendît à zéro. Il est remarquable qu'un séjour de vingt-quatre heures dans les boues des tranchées avait produit autant de mortifications des orteils, même des pieds, que lorsque plus tard le sol s'était couvert de neige et de glace.

Deux vaisseaux, *le Friedland, le Bayard*, passèrent l'hiver au mouillage de la Corne d'Or, foyer de fièvres intermittentes. Les maladies dont ils avaient une première fois subi les atteintes à Bésica, reparurent. Le *Napoléon* partagea cette pernicieuse influence, quoique son séjour dans le port militaire de Constantinople eût été moins prolongé. Les préparations de quinquina faisaient la base de la thérapeutique sur ces bâtiments : elles nous rendaient d'incontestables services en Crimée, où leur emploi était indiqué par la forme adynamique du plus grand nombre des affections.

J'ai parlé des difficultés au milieu desquelles s'opérait le transport des malades qui encombraient les ambulances de l'armée. Qu'on me permette de signaler dans quelles conditions s'accomplit, plus d'une fois, cette évacuation de six mille malades, en janvier.

Le vaisseau *Jean-Bart* reçut, vers les derniers jours du mois, sept cent vingt militaires.

Trois cents avaient les extrémités inférieures congelées à divers degrés : beaucoup d'entre eux étaient, de plus, atteints de diarrhée.

Deux cents étaient minés par des dyssenteries graves, la plupart compliquées de symptômes cholériformes.

Une centaine se trouvait à l'une des périodes de la fièvre typhoïde ou du typhus.

Les autres, capables de marcher, présentaient des bronchites, des fièvres intermittentes, du scorbut.

Grâce à la rapidité de sa marche, le *Jean-Bart*, malgré le mauvais temps, fit une courte traversée.

La batterie basse avait été affectée aux maladies les plus graves ; par suite de la grosse mer, on dut en maintenir les sabords exactement fermés. Ceux qui ont partagé les fatigues de cette campagne peuvent seuls se faire une idée du degré d'infection qui en fut la conséquence. La matière des vomissements se mêlait aux déjections alvines, sur les matelas, sur le pont. L'eau de mer, embarquant par les écubiers, charriait d'une extrémité de la batterie à l'autre cette masse d'ordures d'une repoussante fétidité. Quels étaient les moyens dont on disposait pour lutter contre un pareil foyer d'infection? La ventilation, soit par les sabords, soit par les manches à vent, était impossible ; le nettoyage de la batterie rencontrait de graves obstacles. Comment déplacer cette masse de malades serrés les uns contre les autres et dont la prostration était augmentée par le mal de mer? Sans doute, les soins de propreté, les fumigations chlorurées luttèrent avec constance contre cette cause sans cesse renouvelée d'empoisonnement miasmatique. Ai-je besoin d'ajouter que ce fut sans résultat efficace?

M. Mauger, chirurgien-major du *Jean-Bart*, accomplit cette mission avec cette fermeté, cette élévation de caractère, dont il m'avait donné déjà maintes preuves.

Dès l'arrivée à Constantinople, le vaisseau était soumis à des lavages à l'eau bouillante, au dégagement incessant du chlore, à l'aération permanente des parties basses. Malgré ces efforts quelques cas de typhus se manifestèrent, et pendant plus d'un mois le cachet typhique resta imprimé sur les affections les plus bénignes habituellement.

Cet exemple suffira, je l'espère, pour donner la mesure du service accompli par la marine, durant cet hiver. La guerre n'inspire dans le monde que l'idée d'une grande bataille gagnée ou perdue : le soldat ne semble fait que pour vaincre ou mourir sur un champ de bataille. Malheureusement, à côté de celui qui fourbit ses armes pour le combat du lendemain, il y a celui qui souffre. On oublie volontiers que la proportion de ceux qui succombent par la maladie est infiniment supérieure à la proportion de ceux qui périssent par le fer ennemi. On ne songe pas assez aux fléaux destructeurs qui s'attachent aux flancs des armées parfaitement approvisionnées de munitions de guerre, toujours prises au dépourvu par les avalanches épidémiques. Si je voulais, ici comme ailleurs, assombrir mon récit, les détails ne me manqueraient pas !...

Je ne puis m'empêcher de dire quelques mots de l'influence du froid sur l'intoxication alcoolique. Pendant la campagne de Russie, en 1812, les soldats qui cherchaient un moyen de réaction contre le froid dans l'abus des liqueurs fortes, ne tardaient pas à tomber dans des ivresses comateuses, dont la mort était le dénoûment fatal.

Nous avons eu en Crimée la reproduction de ces déplorables accidents. Combien de marins et de soldats trouvés morts sur la neige, pour avoir obéi au funeste penchant à la boisson ! De toutes les influences qui favorisent l'intoxication par l'alcool, aucune n'est plus dangereuse que celle du froid. Dans un empoisonnement, la thérapeutique doit tendre à l'élimination de la matière toxique, or on comprend que le froid condense le poison alcoolique dans le sang. La puissance toxique de l'alcool augmente par le fait de son accumulation : l'action dépressive du froid continu prive l'organisme de son ressort normal : la mort arrive après quelques heures de coma et de convulsions.

TABLEAU :

ESCADRE DE LA MER NOIRE

STATISTIQUE MENSUELLE

Mois de Janvier 1855

NOMS DES BATIMENTS.	NOMBRE DES MALADES.	REMIS A LEUR SERVICE.	ENVOYÉS A THÉRAPIA.	RENVOYÉS EN FRANCE.	MORTS A THÉRAPIA	MORTS A BORD.	EFFECTIF DE L'ÉQUIPAGE.
Montebello...	357	205	22	15	»	10	1820
Friedland....	179	130	23	25	»	4	1050
Napoléon....	242	172	39	»	»	6	948
Jean-Bart....	205	84	117	3	»	2	870
Bayard.......	159	135	11	»	»	»	870
Marengo.....	257	172	25	8	»	4	650
Alger.......	156	86	30	21	»	7	747
Descartes....	78	54	9	»	»	1	320
Belle-Poule..	80	61	5	»	»	»	229
Pomone......	218	196	»	»	»	1	386
Cacique......	57	46	»	3	»	1	253
Mogador.....	42	32	4	»	»	»	304
Caton.......	87	70	»	2	»	»	139
Coligny......	67	60	5	1	»	»	107
Vautour.....	20	16	1	»	»	»	94
Sané........	53	36	»	»	»	1	320
Totaux...	2257	1555	291	78	»	37	9107

	EXISTANT le 1 janvier.	SORTIS.	MORTS.	ENVOYÉS en France.	ENTRÉS.	EXISTANT au 1 février.
Hôpital de Thérapia.	92	66	15	10	108	109
Hôpital de Chalki...	»	»	»	»	200	200
Total.......	92	66	15	10	308	309

DÉSIGNATION DES MALADIES.		MONTEBELLO.	FRIEDLAND.	NAPOLÉON.	JEAN-BART.	BAYARD.	MARENGO.	ALGER.	DESCARTES.	BELLE-POULE.	POMONE.	CACIQUE.	CATON.	MOGADOR.	COLIGNY.	VAUTOUR.	ORÉNOQUE.
	Angine...............	3	3	13	2	1	2	»	»	»	3	1	»	»	»	1	2
	Bronchite............	97	35	65	12	35	95	30	11	21	67	8	7	10	6	7	3
	Diarrhée.............	34	26	10	15	72	27	15	20	8	10	6	10	3	2	2	3
	Diphthérite..........	1	»	»	»	»	»	»	»	»	»	»	»	»	»	»	»
	Dyssenterie..........	2	10	»	»	»	2	8	»	»	3	2	1	»	»	1	»
FIÉVREUX.	Fièvre intermittente...	»	20	32	2	25	6	4	»	»	1	8	»	6	6	2	»
	Fièvre typhoïde......	7	3	4	4	5	2	4	»	3	3	2	»	1	4	»	»
	Ictère................	»	1	4	»	»	1	»	»	»	»	2	»	1	»	»	»
	Pleurésie.............	2	»	»	»	1	1	3	»	»	»	2	2	3	»	»	»
	Pneumonie...........	8	4	5	4	3	1	11	3	2	2	2	2	1	»	»	»
	Rhumatisme..........	6	»	2	2	1	»	»	»	»	4	2	»	»	1	»	»
	Rougeole.............	»	»	»	»	»	»	»	»	»	2	»	»	»	»	»	»
	Scorbut..............	74	»	18	104	»	22	20	7	»	90	1	4	»	»	»	»
	Variole...............	7	3	»	»	»	15	38	1	2	1	»	»	»	»	1	»
	Maladies diverses.....	»	20	»	1	»	»	5	27	14	2	5	»	4	6	»	27
Blessés........................		9	38	60	47	12	77	18	9	13	26	16	11	50	40	3	14
Vénériens......................		4	10	6	2	2	1	»	»	1	2	»	»	8	»	3	4
Maladies de peau...............		3	6	23	10	2	5	»	»	6	2	»	»	»	»	»	»
TOTAUX......		257	179	242	205	159	257	156	78	70	218	57	42	87	59	20	58

CHAPITRE XII

FÉVRIER 1855. — CONTINUATION DES TRAVAUX DE SIÉGE. — PROGRÈS DU SCORBUT DANS L'ARMÉE. — TRAVAUX ACCOMPLIS PAR LA MARINE. — ASSAINISSEMENT DE LA BAIE DE KAMIESCH. — CAS DOUTEUX DE TYPHUS SUR L'*Alger* ET LE *Marengo*.

L'esquisse que j'ai tracée de l'état sanitaire de la flotte, je pourrais dire de l'armée, pendant le mois de janvier, permet de se faire une idée de l'énergie nécessaire pour maintenir et resserrer l'investissement de la place, aussi bien par terre que par mer.

Six sorties vigoureuses exécutées par les Russes restèrent stériles. Les travaux d'approche ne furent pas suspendus un seul jour.

L'effectif de l'armée qui, en octobre, était de quarante-six mille hommes, avait atteint, par suite d'envois successifs, le chiffre de quatre-vingt-neuf mille, au mois de février.

Malgré la sollicitude de l'administration militaire, le scorbut, en progression décroissante dans l'escadre, suivait une progression rapidement ascendante dans tous les régiments, plus particulièrement dans ceux arrivés en Crimée, depuis le commencement de la guerre. Il n'est pas possible de rattacher ce scorbut à telle ou telle condition de la navigation. Pourtant ce scorbut était identique à celui observé sur nos vaisseaux, et dépendait comme lui uniquement de l'usage prolongé des vivres de campagne. Les viandes salées, les légumes secs avaient amené le même résultat à terre et à bord.

La physionomie pathologique de la flotte conserva les traits du mois de janvier, avec une tendance déjà évidente à l'amélioration. Les statistiques transmises au ministère de la marine signalaient deux mille deux cent cinquante-sept malades et trente-cinq décès pour janvier, seulement mille sept cent vingt-six malades, avec trente décès, pour février.

Du reste, les conditions météorologiques s'adoucissaient. La neige, la pluie n'avaient pas disparu, toutefois nous avions joui de courtes intermittences de beau temps inconnues pendant les mois précédents. Le thermomètre n'en descendit pas moins plus d'une fois à sept degrés au-dessous de zéro.

Les approches de droite (côté de Malakoff) étaient poussées depuis peu avec un redoublement d'ardeur. Dans le but de les favoriser, le quatrième régiment d'infanterie de marine eut l'honneur de concourir, sous les ordres du général Monnet, à un combat acharné, dans la nuit du 23 au 24.

Les vaisseaux *Montebello*, *Alger*, *Marengo*, avaient passé l'hiver dans la baie de Kamiesch, au milieu des navires de l'État ou du commerce affectés au transport des troupes, des malades, du matériel. Ils fournissaient des corvées journalières de matelots pour le chargement, le déchargement des navires qui se succédaient sans interruption. C'est à leurs travailleurs qu'il faut attribuer la construction de deux batteries qui défendaient l'entrée de la baie, d'un aqueduc conduisant l'eau potable jusqu'à la plage, enfin l'organisation d'estacades destinées à nous garantir des tentatives d'incendie.

Le *Napoléon* et le *Jean-Bart* n'y avaient séjourné qu'à tour de rôle. Alternant pour le blocus de Sébastopol, ils maintinrent l'investissement par mer, durant cette saison, de concert avec les Anglais. Les frégates à vapeur concouraient au même service.

Avec une pareille réunion de bâtiments, la baie de Kamiesch ne devait pas tarder à être infectée. L'insalubrité résultant de cette agglomération maritime était augmentée par la présence d'une population de marchands établis dans une ville baraquée, au fond de cette baie. Des mares d'eau croupissante, des accumulations d'immondices témoignaient de l'incurie de cet amalgame de Juifs, de Grecs, d'Italiens, de Français, avidement accourus dans le but d'une sordide spéculation.

Grâce à l'abaissement de la température, il n'y avait pas eu jusqu'alors d'exhalaisons fâcheuses; mais le méphitisme n'aurait pas fait défaut, dès les premiers beaux jours. J'adressai à l'amiral Bruat un rapport sur la nécessité d'adopter de promptes mesures d'assainissement.

La marine fit immédiatement preuve d'une sage initiative. Elle diminua le nombre des bâtiments abrités dans la baie, le mouillage étant possible en dehors. Les charognes, qui flottaient à la surface de l'eau, furent remorquées au large. L'autorité militaire s'attacha, de son côté, à préserver la baie des résidus d'un abattoir établi dans les environs, comme à faire disparaître les cloaques du quartier des marchands. Une véritable police hygiénique fut instituée à l'instigation du médecin en chef de l'armée. M. Scrive éprouvait de sérieuses appréhensions sur la salubrité future des camps. Il y avait, en effet, çà et là, dans la vaste étendue de terrain occupé par les troupes, des foyers d'infection qui n'attendaient pour germer qu'un rayon de soleil : charognes de chevaux, de bœufs, de moutons, amoncelées dans des ravins : cadavres humains recouverts à peine de quelques pouces de terre. A Constantinople, l'inspecteur général, M. Michel Lévy, appelait l'attention sur les procédés d'assainissement, dont l'application lui semblait impérieuse.

Quelques cas de typhus à l'ambulance de Kamiesch ne permirent pas de différer plus longtemps. Des procédés de désinfection furent mis à l'ordre du jour sur tous les points du campement.

Bien que le typhus n'eût pas fait une franche apparition dans l'escadre, quelques cas douteux s'étaient montrés sur l'*Alger* et le *Marengo* mouillés au fond de la baie. Les nécessités du service avaient fait transformer ces vaisseaux en magasins provisoires. Les caisses, les ballots y étaient entassés, au détriment des habitants. Quelles que fussent les difficultés d'emmagasinement à terre, ces objets furent immédiatement débarqués.

A défaut du véritable typhus, l'élément typhique s'imprimait sur toutes les phlegmasies, même sur les plus insignifiantes habituellement. Au contraire, le scorbut déclinait sensiblement. Les équipages ressentaient visiblement les effets du régime exceptionnel institué en leur faveur. Le chiffre des scorbutiques, qui était de trois cent trente-sept, en janvier, descendait à cent treize, ce mois-ci.

Nous apprenions, le 21, par un ordre du jour du général en chef, la tentative infructueuse des Russes sur Eupatoria. Deux assauts avaient été repoussés par les troupes ottomanes commandées par Omer-Pacha.

Dans les batteries de la marine, nous n'avions eu que peu de blessés. Je dois une mention spéciale à M. de Libran, aspirant, déjà atteint deux fois par les projectiles russes. Il recevait, le 20 février, une balle dans l'avant-bras. L'extraction s'en fit immédiatement au moyen d'une contre-ouverture. Des morceaux de vêtement, restés dans le trajet, entretinrent une longue suppuration, de sorte que le renvoi en France de cet aspirant me parut nécessaire.

TABLEAU :

FÉVRIER 1855. — CONTINUATION.

ESCADRE DE LA MER NOIRE

STATISTIQUE MENSUELLE

Mois de Février 1855

NOMS DES BATIMENTS.	NOMBRE DES MALADES.	REMIS A LEUR SERVICE.	ENVOYÉS AUX HÔPITAUX.	RENVOYÉS EN FRANCE.	MORTS AUX HOPIT.	MORTS A BORD.	EFFECTIF DES ÉQUIPAGES.
Montebello...	341	163	40	45	»	7	1010
Friedland....	152	130	12	13	»	»	1035
Napoléon.....	188	108	28	4	»	2	871
Jean-Bart....	135	68	10	1	»	7	854
Bayard......	171	125	9	5	»	»	809
Marengo.....	180	117	7	»	»	3	713
Alger.......	153	100	9	12	»	7	673
Descartes....	50	24	2	2	»	3	307
Belle-Poule..	56	31	12	»	»	»	236
Pomone......	165	140	1	1	»	»	386
Mogador.....	17	14	»	»	»	»	329
Cafarelli....	43	»	1	»	»	1	244
Vautour.....	19	16	»	»	»	»	105
Caton.......	56	39	2	»	»	»	136
Totaux...	1726	1075	133	83	»	30	7708

	EXISTANT le 1 février.	ENTRÉS.	SORTIS.	MORTS.	ÉVACUÉS sur France.	EXISTANT au 1 mars.
Hôpital de Thérapia.	109	71	33	7	6	134
Hôpital de Chalki...	200	90	96	8	32	154
Totaux.....	309	161	129	15	38	288

DÉSIGNATION DES MALADIES.		MONTEBELLO.	FRIEDLAND.	NAPOLÉON.	JEAN-BART.	BAYARD.	MARENGO.	ALGER.	DESCARTES.	BELLE-POULE.	POMONE.	MOGADOR.	CAFARELLI.	VAUTOUR.	CATON.
FIÉVREUX.	Angine............	13	»	6	»	»	2	»	4	»	»	»	3	1	2
	Bronchite...........	116	25	92	26	21	73	55	12	11	71	6	6	6	30
	Choléra............	»	»	»	2	»	»	»	»	»	»	1	»	»	»
	Cholérine...........	»	»	»	»	»	»	»	1	4	»	»	»	»	1
	Diarrhée............	24	15	15	»	15	10	12	»	»	»	2	8	»	3
	Dyssenterie.........	8	5	»	15	1	5	»	1	»	»	»	1	»	»
	Fièvre intermittente...	10	30	4	4	45	5	6	2	»	»	4	1	1	1
	Fièvres typhoïdes.....	20	»	14	32	2	6	3	1	»	1	»	2	»	1
	Pleurésie...........	12	»	»	»	»	5	7	5	2	1	»	»	»	»
	Pneumonie..........	7	5	»	3	4	»	13	4	»	1	»	»	1	1
	Scorbut.............	39	»	4	4	»	8	20	»	»	37	»	»	»	1
	Rhumatisme.........	2	3	1	2	2	1	»	1	»	»	1	»	1	»
	Variole.............	3	1	»	2	2	15	6	8	9	»	»	»	»	»
	Maladies diverses.....	65	31	5	»	»	1	12	»	13	18	»	9	2	7
Blessés.......................		20	37	33	38	64	40	17	7	19	31	1	11	6	8
Vénériens....................		»	»	»	»	1	3	»	»	»	»	»	2	1	1
Maladies de peau..............		2	»	4	7	14	6	2	5	1	1	2	»	»	»
TOTAUX.........		341	152	178	135	171	180	153	50	56	165	17	43	19	56

CHAPITRE XIII

MARS 1855. — AMÉLIORATION DE L'ÉTAT SANITAIRE DE LA FLOTTE. — RAISONS INVOQUÉES POUR MAINTENIR LE RÉGIME EXCEPTIONNEL DONT JOUISSAIENT LES MARINS. — MALADIES RÉGNANTES. — RÔLE DIFFICILE DES CHIRURGIENS ACCOMPAGNANT A CONSTANTINOPLE LES MALADES DE L'ARMÉE.

L'état sanitaire devint plus satisfaisant à la fin du premier trimestre de l'année 1855. La neige avait disparu, les pluies étaient moins fréquentes, des brises sèches imprimaient aux organismes une salutaire tonicité.

Nous comptâmes encore mille trois cent soixante et seize malades avec vingt et un décès, pendant le mois de mars. C'était la fin de cette période néfaste, où nous avions presque autant de décès que de maladies graves. L'élément typhique n'apparaissait qu'exceptionnellement ; le scorbut était plus rare, la constitution des marins se raffermissait. Pendant les mois de décembre 1854, janvier et février 1855, la pratique de la médecine aurait pu nous jeter dans le découragement. Les soins assidus, les traitements le mieux indiqués restaient stériles. Il nous fallait dépenser une grande somme d'énergie pour accomplir, durant ces trois longs mois, avec le même zèle une tâche toujours ingrate. J'appréciai, une fois de plus, la force d'âme, le sentiment du devoir des chirurgiens-majors qui m'entouraient. Loin de se laisser abattre par les revers, ils comprirent qu'ils devaient, par une abnégation complète, satisfaire aux exigences de leur conscience, plus qu'abriter leur responsabilité. Devant ces obligations accablantes, les médecins de l'armée et de la flotte ont donné un grand exemple ! !.....

La physionomie des camps se ressentait des conditions climatériques nouvelles. Les travaux d'assainissement s'accomplissaient avec une célérité remarquable : ceux d'approche s'exécutaient avec une nouvelle ardeur du côté de la tour Malakoff, malgré les attaques réitérées des Russes.

Sur ces entrefaites, l'administration, dans un but d'économie, demanda s'il ne serait pas opportun de supprimer le régime exceptionnel dont jouissaient les équipages. Je m'empressai d'adresser une note à l'amiral Bruat, pour repousser cette tentative.

Profondément débilités par les fatigues et les privations, nos matelots retrouvaient à peine leur force de réaction. Pour supporter impunément les causes dépressives nombreuses qui les entouraient, ils avaient besoin d'un régime réparateur, suffisamment varié. Mes conclusions étaient explicites : afin de conjurer le retour d'une nouvelle épidémie de scorbut, il était indispensable de continuer les distributions de viande et de légumes frais. Dans cette cachexie, les aliments, riches en sucs assimilables, sont non-seulement les seuls remèdes, mais encore les préservatifs par excellence.

Cette opinion fut acceptée par l'amiral. Préoccupé d'une diversion importante dans la mer d'Azoff, il tenait à avoir des équipages valides.

Les affections aiguës de la poitrine, la diarrhée, le scorbut, restèrent, en mars, les maladies les plus fréquentes. Les fièvres typhoïdes diminuèrent de nombre et de gravité.

Quelques cas de variole se montraient encore sur divers navires. L'épidémie, circonscrite précédemment sur l'*Alger* et le *Marengo*, se disséminait à droite et à gauche, sans présenter une intensité inquiétante. Cette fièvre éruptive avait pris naissance dans le Bosphore. L'arrivée successive des troupes de renfort, qui avaient élevé l'effectif de l'armée au chiffre de quatre-vingt-seize mille hommes, l'avait propagée dans les camps aussi bien que dans la flotte.

Cet aperçu témoigne de l'efficacité des mesures hygiéniques généreusement adoptées par l'autorité. Jamais, on peut le dire, une escadre n'avait joui du bien-être dont on entourait celle-ci, depuis quelques mois.

La possession de deux hôpitaux dans le Bosphore concourait, pour une large part, à notre meilleure situation. Dès les premiers symptômes de scorbut, les marins étaient dirigés, soit sur Thérapia, soit sur l'Ile-des-Princes. Nous n'avions plus le spectacle de ces cachexies hideuses entraînant la mort, ou nécessitant un long séjour dans les hôpitaux. En prévenant l'extension d'un fléau dont l'armée était accablée, en ce moment, on n'avait pas seulement agi dans l'intérêt de la santé des marins, mais aussi dans l'intérêt du trésor.

Je ne puis passer sous silence les difficultés déplorables que rencontraient les chirurgiens de la marine, en accompagnant les blessés et les fiévreux de l'armée évacués sur Constantinople. La distribution des boissons, des vivres, s'opérait sans aucune régularité. L'indifférence des capitaines américains, en particulier, rendait le rôle de nos médecins à la fois pénible et impuissant. On manqua souvent d'eau pour les tisanes comme pour les pansements. Je fis parvenir à l'intendance plusieurs plaintes qui stigmatisaient ces actes d'inhumanité.

Dans le courant de ce mois, je pratiquai l'amputation du bras gauche sur un mousse du commerce. A la suite de l'application d'un bandage, maladroitement serré par une personne étrangère à l'art, pour une fracture simple de l'avant-bras, la gangrène s'empara de toute la partie comprimée. Mes efforts pour tenter la conservation furent vains. Je me résignai, à regret, à une opération suivie, du reste, d'une prompte guérison.

ESCADRE DE LA MER NOIRE

STATISTIQUE MENSUELLE

Mois de Mars 1855

NOMS DES BATIMENTS.	NOMBRE DES MALADES.	REMIS A LEUR SERVICE.	ENVOYÉS AUX HÔPITAUX.	RENVOYÉS EN FRANCE.	MORTS AUX HÔPIT.	MORTS A BORD.	EFFECTIF DES ÉQUIPAGES.
Montebello...	342	263	50	20	»	8	1075
Napoléon.....	130	90	32	5	»	2	942
Alger........	98	67	3	3	»	2	763
Belle-Poule..	59	47	1	»	»	»	236
Mogador.....	26	16	1	4	»	1	390
Cafarelli....	37	»	»	»	»	»	242
Pomone......	167	144	»	»	»	1	386
Vautour.....	20	17	»	»	»	»	102
Dauphin......	9	1	1	»	»	»	78
Caton........	19	14	1	1	»	1	140
Jean-Bart....	143	67	18	2	»	4	839
Bayard.......	196	256	17	7	»	1	829
Friedland....	130	120	13	3	»	1	1035
Totaux...	1376	1102	137	45	»	21	7057

	EXISTANT au 1 mars.	ENTRÉS.	SORTIS.	ENVOYÉS en France.	MORTS.	EXISTANT au 1 avril.
Hôpital de Thérapia.	134	48	84	30	8	60
Hôpital de Chalki...	154	223	87	57	13	220
Totaux.....	288	271	171	87	21	280

DÉSIGNATION DES MALADIES.	MONTEBELLO.	NAPOLÉON.	ALGER.	BELLE-POULE.	MOGADOR.	CAFARELLI.	POMONE.	VAUTOUR.	DAUPHIN.	CATON.	JEAN-BART.	FRIEDLAND.	BAYARD.
FIÉVREUX. Angine.	7	»	»	»	»	»	»	1	1	»	»	»	8
Bronchite.	73	42	11	20	2	11	35	3	»	»	25	20	40
Diarrhée.	29	10	8	4	»	»	4	»	»	2	2	10	15
Dyssenterie.	2	»	»	»	2	»	»	»	»	1	9	4	4
Fièvre intermittente.	8	5	13	»	3	2	1	»	»	»	26	16	30
Fièvre typhoïde.	9	5	»	1	»	»	»	»	»	»	»	8	8
Pleurésie.	18	»	3	»	2	»	2	»	»	2	»	»	»
Pneumonie.	9	2	8	»	1	»	2	»	»	5	»	1	»
Phthisie pulmonaire.	»	»	1	»	»	»	»	»	»	»	»	1	»
Rhumatisme.	5	5	2	2	»	5	1	1	»	4	»	»	1
Variole.	9	»	»	1	»	»	»	»	»	3	»	»	»
Scorbut.	57	16	6	»	»	»	21	»	»	1	»	»	»
Maladies diverses.	60	12	10	16	7	7	73	7	1	»	39	36	50
Blessés.	50	29	31	13	8	11	28	8	6	»	42	28	37
Vénériens.	1	»	»	»	»	»	»	»	1	1	»	4	3
Maladies de peau.	5	4	4	2	1	1	»	»	»	»	»	2	»
TOTAUX.	342	130	97	59	26	37	167	20	9	19	143	130	196

CHAPITRE XIV

AVRIL 1855. — OUVERTURE DU FEU DES BATTERIES DE SIÉGE. — OFFICIERS ET ASPIRANTS TUÉS OU BLESSÉS AUX BATTERIES DE LA MARINE. — LIGNE DE BATAILLE DES ESCADRES ALLIÉES EN FACE DE L'ENTRÉE DU PORT DE SÉBASTOPOL. — ÉTAT SANITAIRE DE L'ESCADRE. — ESSAI DES EAUX-DE-VIE DE GRAINS. — TYPHUS DU *Canada*.

On consacra les premiers jours d'avril à l'attaque de plusieurs positions indispensables pour la continuation des travaux d'approche. Toutes les batteries de siége se trouvaient en mesure d'ouvrir sur Sébastopol un feu formidable.

La canonnade commença le 9. Elle dura quatre jours, sans aboutir à un résultat décisif. La supériorité de notre artillerie fut pourtant mise en évidence. De larges brèches se voyaient sur divers points de l'enceinte fortifiée de la ville et l'armée s'attendait à en profiter pour donner l'assaut. Cette espérance s'évanouit bientôt ; nous apprîmes qu'une quatrième parallèle serait tracée devant le bastion du Mât et que trois nouvelles batteries seraient établies.

Le 11 avril, l'escadre française prenait sa ligne de bataille devant l'entrée du port de Sébastopol : de son côté l'escadre anglaise exécutait la même manœuvre. En face de cette ligne menaçante, les assiégés étaient astreints à l'armement permanent des forts de la rade, qui, surtout la nuit, étaient tenus en éveil par de fréquentes attaques. Profitant des heures, où la lune cessait d'éclairer l'horizon, des frégates ou des vaisseaux s'approchaient pour lancer leurs deux bordées dans la ville. Sur les indications des amiraux, des feux de couleurs avaient été placés sur la côte, de manière à indiquer deux alignements, en dehors desquels les plus grands navires de guerre pouvaient se mouvoir sans danger. Le *Montebello* se livrait, dans la nuit du 22 au 23, à une agression de ce genre, lorsqu'un accident survenu dans les chaudières rendit sa position assez critique. La remorque d'un vapeur anglais mit un terme à son embarras.

L'attaque infructueuse du 9 avait jeté dans les esprits, sinon du découragement, du moins de vives préoccupations. Confiante dans le retour du beau temps, dans l'arrivée des renforts, l'armée espérait en finir avec la moderne Troie. Voilà que le grand coup, après lequel on avait si longtemps soupiré, restait stérile ! Comme il faut toujours un aliment à l'impatience, on parla d'une prochaine réouverture du feu, qui coïnciderait avec un projet de débarquement.

Pendant ce mois les batteries desservies par la marine comptèrent trente-sept morts. Sur cent soixante-dix-neuf blessés, dix-sept portaient des lésions graves ; neuf amputations immédiates furent pratiquées. A cette occasion, M. Lantoin, chirurgien de deuxième classe, reçut la croix de la Légion d'honneur : son intrépidité, son zèle le rendaient digne de cette distinction.

TABLEAU :

Tableau des officiers et des aspirants tués ou blessés dans les batteries de la marine du 9 au 28 avril.

DATES.	NOMS.	GRADES.	GENRES DE BLESSURES.
9 avril.	MM. De Terson............	Lieut. de vaisseau.	Plaie au bras droit par éclat d'obus.
» —	De Montille............	Enseigne de vaiss.	Plaie à l'avant-bras gauche par éclat d'obus.
» —	Basset................	Aspirant.........	Balle dans le cou.
11 —	Besançon.............	Capit. d'artillerie.	Contusion à la poitrine.
» —	De Saint-Roman.......	Aspirant auxiliaire	Plaie contuse au bras et à la jambe.
12 —	Bergasse Dupetit-Thouars.	Enseigne de vaiss.	Éclat d'obus à l'épaule droite.
13 —	Michaud..............	Enseigne de vaiss.	Plaie contuse au sourcil droit.
18 —	Bonnet...............	Aspirant.........	Broiement du bras droit par boulet, désarticulat.
23 —	Besançon.............	Capit. d'artillerie.	Balle dans le pied.
27 —	Chevillotte...........	Capit. d'artillerie.	Contusion à la poitrine par une balle morte.
28 —	De Nercia.............	Enseigne de vaiss.	Plaie à la tête par une balle.
» —	Gougeard.............	Enseigne de vaiss.	Contusion aux deux jambes par un boulet.
		Officiers tués.	
24 —	De Contenron.........	Lieut. de vaisseau.	Balle dans l'abdomen. Mort dans la journée.
20 —	Boch.................	Lieut. de vaisseau.	Broiement de la cuisse et du bras. Double amputation. Mort quelques heures après.
28 —	Bon de Lignin........	Lieut. de vaisseau.	Écrasement du crâne par une bombe.

La constitution médicale du mois d'avril ne présenta rien de particulier. L'amélioration déjà signalée devenait de plus en plus évidente. Malgré l'augmentation de l'effectif de l'escadre, nous ne comptions que mille sept cent vingt-trois malades, avec dix-sept morts, en défalquant les victimes du feu dans les batteries.

La diarrhée et la bronchite donnaient lieu à la majorité des exemptions de service. Assez rare à l'instant des plus grands froids, le rhumatisme devenait aussi fréquent qu'au commencement de l'hiver. Quelques fièvres éruptives complétaient notre bilan pathologique.

Le scorbut n'existait qu'à l'état de complication ; il envahissait les convalescents d'une maladie grave. Nos fièvres typhoïdes n'offraient qu'une médiocre intensité, excepté sur le *Labrador* où leur caractère s'était montré fâcheux, pendant une croisière devant Odessa.

Vers le milieu de mars, nous reçûmes quelques échantillons d'eau-de-vie de grains. On semblait penser, au ministère de la marine, que l'adoption de ces eaux-de-vie constituerait une heureuse innovation. Je fus chargé par l'amiral Bruat de présider aux essais.

Rien ne démontre la supériorité des eaux-de-vie de grains sur les rhums usités dans la marine, qui proviennent de la fermentation des mélasses. Le procédé simple de leur fabrication exclut les falsifications si communes dans l'industrie d'Europe.

Tout au plus, les eaux-de-vie de grains peuvent-elles aspirer à la pureté de composition des rhums, sans prétendre à l'arome du produit colonial? Elles n'acquièrent de la saveur que par l'intervention de substances souvent malfaisantes. Il faut ajouter que, pendant la distillation des grains fermentés, des principes volatils nuisibles à l'économie prennent naissance.

Au point de vue théorique, la proposition qui nous était soumise était inacceptable.

On essaya sur le *Montebello*, sur quelques autres bâtiments, de délivrer une ration de ces eaux-de-vie, au repas du matin. Cette petite quantité n'amena aucun fâcheux résultat, seulement elle excita la répugnance des matelots soumis à l'expérience. Ils furent unanimes dans leur préférence pour le rhum. Le goût s'accordait avec les enseignements de l'hygiène sur les boissons fermentées.

L'usage modéré de l'eau-de-vie de grains n'est pas immédiatement préjudiciable à la santé. Son abus entraîne des ivresses furieuses, dont les inconvénients s'étaient fait sentir, dans la marine comme dans l'armée, à Gallipoli, à Varna. La frénésie alcoolique fut cause de graves infractions à la discipline. A la suite de ces excès, une prostration inusitée persistait plusieurs jours, parfois accompagnée de dérangements digestifs rebelles.

C'est dans les premiers jours d'avril que les premiers cas de typhus se montrèrent dans l'escadre. La frégate à vapeur *Canada* avait été affectée au transport des malades de l'armée. En dernier lieu, elle avait amené d'Eupatoria une partie des troupes égyptiennes annexées à la division turque. Depuis le commencement de l'hiver, les Turcs étaient sous une influence typhique parfaitement démontrée. L'air confiné de leurs tentes hermétiquement closes, l'air plus confiné des caves qui leur servaient d'hôpital, à Kamiesch, nous éclairaient sur la cause de cette triste disposition. Si l'on réfléchit, en outre, sur l'apathie de leur caractère, sur leur indifférence en matière de propreté, sur l'insuffisance de leur régime, sur la misère profonde au sein de laquelle ils vivaient, sur l'incurie de leurs officiers, on aura de nouveaux éléments pour établir l'étiologie de ce typhus permanent. Ne faisant rien pour conjurer cet état de choses, ils ne se plaignirent jamais. La mort moissonnait doucement, dans ce milieu, des victimes aussi nombreuses que résignées. Le camp musulman était le réceptacle de toutes les guenilles abandonnées. Quand ces soldats prenaient passage sur nos bâtiments, ils étaient chargés de haillons roulés avec soin. Leur collection de lambeaux de couvertures, de capotes, de linges de corps d'une saleté révoltante, était dissimulée avec une défiance qui eût paru bouffonne, si elle n'avait été désastreuse dans ses conséquences. Tous les navires qui ont transporté ces troupes ont été plus ou moins atteints par le typhus.

Je m'empressai d'aller visiter le *Canada*, à son arrivée. Il y avait sept cas de typhus confirmé et des prodromes chez un certain nombre de matelots. La batterie de l'avant fut exclusivement consacrée à ces malades. On y maintint, avec une propreté scrupuleuse, une large aération. J'insistai auprès de l'amiral pour que cette frégate fût momentanément distraite du service actif. Pendant le trajet de Kamiesch à l'Ile-des-Princes, le typhus se déclara sur trente hommes ; trois des premiers frappés succombèrent. M. Leconiat, chirurgien-major, montra, en cette circonstance, comme en bien d'autres, un dévouement absolu. Grâce aux mesures promptes adoptées pour le *Canada*, à la vigilance de son médecin, cette épidémie circonscrite n'occasionna qu'une faible mortalité.

AVRIL 1855. — ÉTAT SANITAIRE

ESCADRE DE LA MER NOIRE

STATISTIQUE MENSUELLE

Mois d'Avril 1855

NOMS DES BATIMENTS.	NOMBRE DES MALADES.	REMIS A LEUR SERVICE.	ENVOYÉS AUX HÔPITAUX.	RENVOYÉS EN FRANCE.	MORTS AUX HÔPIT.	MORTS A BORD.	EFFECTIF DES ÉQUIPAGES.
Montebello...	198	133	10	9	»	2	1011
Friedland.....	133	115	6	6	»	3	931
Napoléon.....	116	66	21	7	»	1	899
Alger........	104	81	3	3	»	»	572
Jean-Bart.....	127	83	7	1	»	2	840
Bayard.......	129	121	9	»	»	»	785
Sané.........	83	32	»	»	»	»	324
Descartes.....	40	14	6	»	»	»	300
Labrador.....	44	34	»	»	»	2	195
Berthollet...	23	13	3	»	»	1	147
Belle-Poule...	34	24	2	»	»	»	230
Caffarelli....	31	»	1	»	»	»	244
Mogador......	19	10	»	»	»	2	300
Mégère.......	13	11	»	»	»	»	96
Vautour......	11	19	»	»	»	»	102
Dauphin......	16	12	1	»	»	»	78
Mouette......	16	14	»	»	»	»	91
Cacique......	49	36	»	»	»	»	242
Pomone.......	113	91	3	»	»	4	371
Camp de marine.	422	330	82	»	»	37	1800
Totaux...	1721	1239	154	26	»	54	9558

	EXISTANT au 1 avril.	ENTRÉS	SORTIS.	ENVOYÉS en France.	MORTS.	EXISTANT au 1 mai.
Hôpital de Thérapia.	60	39	16	4	7	72
Hôpital de Chalki...	220	75	130	34	8	123
Totaux......	280	114	146	38	15	195

DÉSIGNATION DES MALADIES.		MONTEBELLO.	FRIEDLAND.	NAPOLÉON.	ALGER.	JEAN-BART.	BAYARD.	SANÉ.	DESCARTES.	LABRADOR.	BERTHOLLET.	BELLE-POULE.	CAFFARELLI.	MOGADOR.	MÉGÈRE.	VAUTOUR.	DAUPHIN.	MOUETTE.	CACIQUE.	POMONE.	CAMP DE MARINE
FIÉVREUX	Bronchite........	30	14	5	13	13	14	18	19	15	»	7	15	5	»	2	»	2	6	22	30
	Diarrhée........	10	12	12	1	»	14	30	2	6	»	»	1	»	1	2	»	»	1	3	8
	Dyssenterie......	»	4	»	»	5	»	»	»	»	»	»	»	»	»	»	»	»	»	4	27
	Fièvres intermitt.	6	25	6	»	6	22	»	»	4	4	2	2	1	3	»	»	»	12	3	32
	Fièvr. int. pernic.	»	»	»	»	1	»	»	»	»	»	»	»	1	»	»	»	»	»	»	»
	Fièvre typhoïde...	9	5	8	2	10	2	6	6	11	5	2	»	»	»	»	1	»	»	3	7	2
	Pleurésie........	12	»	»	3	4	1	»	»	»	»	1	»	»	1	»	»	»	»	2	1	1
	Pneumonie......	6	»	1	3	4	1	»	2	»	»	»	»	»	»	»	»	»	»	»	»	»
	Phthisie pulmon.	»	»	»	»	»	1	»	»	»	»	»	»	»	»	»	»	»	»	»	»
	Rhumatisme.....	1	3	2	2	2	1	»	»	»	1	2	1	1	2	»	»	»	»	»	»
	Rougeole........	2	»	»	»	»	»	»	»	»	»	»	»	»	1	»	»	»	»	»	»
	Scorbut.........	11	»	8	7	»	»	»	»	»	2	»	»	3	»	1	»	»	»	31	20
	Variole.........	2	»	»	1	4	»	»	»	1	»	1	»	»	»	»	»	»	7	»
	Maladies diverses.	34	20	14	32	22	17	17	4	»	6	8	5	»	1	2	4	1	9	23	57
Blessés...............		73	48	52	18	49	55	12	7	8	4	12	6	8	4	3	10	13	16	11	225
Vénériens............		»	1	2	1	»	1	»	»	»	»	»	»	»	»	»	»	»	»	»	3
Maladies de peau......		2	1	6	21	7	»	»	»	»	»	»	»	»	1	1	»	»	»	1	17
TOTAUX........		198	133	116	104	127	129	83	40	44	23	34	31	19	13	11	16	16	49	113	422

CHAPITRE XV

MAI 1855. — PREMIER DÉPART DE L'EXPÉDITION DE KERTCH. — TYPHUS DE L'*Asmodée* ET DU *Christophe-Colomb*. — LE GÉNÉRAL PÉLISSIER PREND LE COMMANDEMENT EN CHEF. — DEUXIÈME DÉPART DE L'EXPÉDITION DE KERTCH. — EXPÉDITION DANS LA MER D'AZOFF. — RECRUDESCENCE TRANSITOIRE DU SCORBUT.

Depuis le mois précédent s'opérait sur la côte de Crimée une concentration inusitée de bâtiments-transports, dans la perspective d'une diversion dirigée du côté de la mer d'Azoff. Cette expédition, combinée avec soin par l'amiral Bruat, allait enfin s'accomplir. Le 3 mai, une division anglo-française fut embarquée sur une partie de la flotte alliée. Nous partîmes le soir même; malheureusement un contre-ordre nous parvenait le lendemain, presque en vue de Kertch. Les amiraux renoncèrent à regret à la réalisation d'un plan dont l'initiative leur appartenait. A onze heures du matin, le 6, les troupes débarquèrent à Kamiesch.

Plusieurs frégates à vapeur reçurent immédiatement l'ordre d'aller prendre à Eupatoria les troupes turques placées sous le commandement d'Omer-Pacha.

Après trois voyages successifs, deux frégates furent envahies par le typhus. La petite distance qui séparait Eupatoria de Sébastopol, la saison favorable qui permettait aux passagers de rester sur le pont, la nécessité d'une prompte réunion de forces imposantes autour de la place, avaient fait fléchir les règles d'hygiène, qu'on ne viole jamais impunément. L'expérience du *Canada* était présente à ma pensée.

Sur la frégate *Asmodée* (1) il suffit de débarquer les typhiques pour enrayer la marche de l'épidémie. La cessation de l'encombrement, des lavages chlorurés, un régime tonique, une ventilation soutenue dissipèrent les germes morbides. M. Juvénal, chirurgien-major, présida à l'application de ces mesures avec une vigueur peu commune. Les quatorze typhiques de l'*Asmodée* furent transportés dans une maison située près de la baie de Casatch, où nous avions l'habitude d'envoyer nos convalescents. M. Hubac, chirurgien de deuxième classe, fut chargé de leur donner des soins; il s'en acquitta avec honneur. Sur les quatorze malades, dix présentèrent un typhus intense : phénomènes d'adynamie et d'ataxie, hémorrhagies par diverses voies, exanthème violacé et confluent, délire d'une violence extrême : trois succombèrent.

La seconde frégate dont je dois m'occuper est le *Christophe-Colomb* (2). Le typhus y avait atteint un plus grand nombre de matelots. Malgré l'application des mesures hygiéniques qui avaient réussi sur l'*Asmodée*, les efforts de M. Michel, chirurgien-major, ne furent pas couronnés d'un résultat aussi favorable. Le *Christophe-Colomb* se dirigea vers l'Ile-des-Princes; il y débarqua cinquante-six typhiques, dont quatorze succombèrent.

Pendant que ce mouvement s'exécutait entre Eupato-

(1) M. Cosnier, capitaine de frégate, commandant.
(2) M. Chevalier, *idem*.

ria et Kamiesch, d'autres bâtiments nous amenaient la garde impériale, ainsi que les divisions de réserve campées dans les environs de Constantinople.

Cette réunion de toutes nos forces devant Sébastopol faisait pressentir un coup décisif, lorsque, le 19 mai, un ordre du jour annonça à l'armée et à la flotte que le général Canrobert se désistait du commandement en chef pour reprendre son ancienne division. Le général Pélissier était désigné comme son successeur.

Ces deux généraux furent noblement inspirés dans leurs proclamations. La détermination du général Canrobert révélait des vertus qui n'appartiennent pas à notre âge. Sa part de gloire, depuis l'ouverture des hostilités, excluait tout sentiment de rivalité. Que pouvait-on inscrire à côté des journées de l'Alma et d'Inkermann? Austère dans ses habitudes, sévère pour lui seul, bienveillant pour tous, il avait subi les rigueurs de l'hiver, moins abrité que le dernier des soldats. Son langage était toujours empreint de cette fermeté qui compte sur la victoire, de cette bonté qui sympathise à toutes les souffrances.

Le nouveau général en chef inaugura son commandement par la reprise de l'expédition de Kertch. C'était donner satisfaction aux marines alliées, qui venaient d'éprouver une déception amère. Elles accueillirent avec bonheur l'ordre d'accomplir une mission de guerre pleine d'intérêt.

Les amiraux anglais et français prirent des mesures pour assurer, pendant leur absence, aussi bien le blocus de Sébastopol que le service de communication entre Kamiesch et Constantinople. Afin de tromper l'ennemi, ils transformèrent, au moyen d'une cheminée en toile peinte en noir, un vaisseau à voile de chaque nation en vaisseau à vapeur.

7,000 Français, 5,000 Turcs, 3,000 Anglais furent répartis sur les bâtiments désignés pour faire partie de l'expédition.

Nous comptions, de notre côté, trois vaisseaux : le *Montebello*, le *Napoléon*, le *Charlemagne*; sept frégates à vapeur : la *Pomone*, le *Caffarelli*, le *Mogador*, le *Cacique*, le *Descartes*, l'*Asmodée*, l'*Ulloa*; six corvettes à vapeur : le *Véloce*, le *Primauguet*, le *Phlégéton*, le *Berthollet*, le *Roland*, le *Caton*; six avisos et une bombarde.

Le contingent fourni par l'escadre anglaise s'élevait à trente-trois bâtiments.

Le commandement de la flotte était exercé par les amiraux Lyons et Bruat. Les troupes françaises étaient sous les ordres du général Dauttemar, les troupes anglaises sous ceux du général Brown qui, comme plus ancien, centralisait le commandement supérieur de cette petite armée.

L'expédition partit de Kamiesch le 22 mai, à neuf heures du soir. Elle mouillait le 24 à onze heures du matin, en vue de Kertch, en face de la plage de Kamisch-Bournou, choisie comme propice au débarquement.

On s'attendait à la résistance, soit pendant la mise à terre des troupes, soit peu de temps après. Notre chef d'état-major, le commandant Jurien de la Gravière, chargé de présider à cette opération, avait pris d'énergiques dispositions pour la protéger.

A quatre heures du soir, la division française était à terre avec son matériel d'artillerie.

J'avais établi une ambulance à la plage, sous les ordres de M. Rault, chirurgien de deuxième classe. La frégate-hôpital *Ulloa* était mouillée à petite distance de terre, pour recevoir les blessés, après un premier pansement. Son personnel chirurgical doublé relevait de l'un de nos chirurgiens-majors les plus éclairés, M. Buisson (1). Je devais prendre la direction de ce service, pendant le combat. La frégate à vapeur *Asmodée* restait en réserve comme succursale de l'*Ulloa*.

Nous étions prêts à faire face aux éventualités les plus graves. La retraite inopinée des Russes nous laissa heureusement dans l'inaction.

Le débarquement des troupes achevé, quelques bâtiments anglais et français allèrent reconnaître la batterie du cap Ak-Bournou et le fort Saint-Paul. A leur approche, d'énormes explosions retentissaient : les Russes détruisaient eux-mêmes ces ouvrages de guerre.

Peu d'instants après, un vapeur ennemi, s'échappant à toute vitesse de Kertch, gagnait la mer d'Azoff. Une canonnière anglaise se dirigea sur-le-champ vers Iéni-Kalé pour lui couper la retraite ; le combat s'engagea. Le vapeur russe était soutenu par les batteries d'Iéni-Kalé, puis par trois navires à vapeur qui apparaissaient à l'entrée de la mer d'Azoff. La canonnière ne tardait pas à être appuyée par le *Fulton* et la *Mégère*. Cependant ce bâtiment parvint à nous échapper, abandonnant deux chalands chargés des archives de Kertch et d'objets précieux.

(1) M. Buisson est aujourd'hui chirurgien principal.

Cinq mille Russes, composant la garnison de Kertch ou des positions militaires voisines, se retirèrent pendant notre débarquement. A huit heures du soir, une dernière explosion appelait notre attention : nos ennemis venaient de faire sauter la poudrière d'Iéni-Kalé.

Les troupes alliées avaient pris terre à une lieue au-dessous de Kertch. Dès le lendemain matin, elles opéraient un mouvement tournant vers Iéni-Kalé, dont l'occupation, comme celle de Kertch, avait lieu sans coup férir.

En un seul jour, nous nous rendions maîtres de quatre-vingt-dix canons, de troupeaux considérables, de magasins de blé destiné à l'approvisionnement de Sébastopol, d'un grand nombre de navires chargés d'orge et d'avoine. Trois bâtiments à vapeur de l'État s'étaient coulés en face de la ville. Les bouées explosives, dont la rade était parsemée, témoignaient de l'esprit ingénieux de l'inventeur; comme machines de guerre, elles ont été complétement insuffisantes.

Le 25 mai, une escadrille de bâtiments à vapeur anglo-français entra dans la mer d'Azoff, sous le commandement des deux amiraux. Nous sillonnâmes, toute la journée, cette mer, capturant à droite et à gauche des navires du commerce. Deux cents environ furent pris ou brûlés. Les établissements d'Araba devinrent également la proie des flammes.

Peu de jours après, une nouvelle flottille à vapeur partait pour la même destination, sous les ordres de M. de Sedaige, capitaine de frégate, commandant le *Lucifer*. Elle remorquait toutes les chaloupes, tous les grands canots armés en guerre. Les compagnies de débarquement étaient dirigées par le sous-chef d'état-major de l'amiral Bruat, M. Lejeune. Il devait pénétrer dans la mer Putride, dans les ports de la mer d'Azoff, pour prendre ou détruire tous les bâtiments. Cette mission fut accomplie avec autant de résolution que de succès.

La ville de Kertch, la forteresse d'Iéni-Kalé nous assuraient la domination de ces parages. Sébastopol était privé de l'une de ses grandes lignes d'approvisionnement.

Après quelques travaux nécessaires à la défense, une garnison s'établit à Iéni-Kalé. Notre nouvelle conquête était, de plus, garantie par une station navale, sous les ordres du commandant de la *Pomone*, M. le capitaine de vaisseau Bouët.

Pendant que nous opérions dans la mer d'Azoff, des combats de nuit multipliés avaient fait tomber en notre pouvoir la plupart des ouvrages avancés de Sébastopol.

De concert avec les Piémontais, récemment arrivés en Crimée, deux divisions françaises, commandées par le général Canrobert, avaient repoussé, le 25 mai, les Russes campés sur la rive droite de la Tchernaïa. L'impulsion nouvelle donnée au siége était incontestable. Dans ces glorieux combats, le moral de l'armée se retrempait. En campagne, rien de pire que l'oisiveté. La variété des opérations augmente les fatigues, mais elle distrait les esprits. Quand la joie du succès enivre les cœurs, les ambulances sont peu fréquentées.

Le chiffre des malades descendit à mille trois cent quatre-vingt-douze, en mai, quoique l'effectif de la flotte fût augmenté; nos décès se réduisirent à douze. C'était la mortalité mensuelle d'un seul vaisseau, pendant l'hiver.

Les bronchites, les diarrhées étaient les maladies habituelles. Les fièvres typhoïdes, les rhumatismes persistaient, sous des formes d'intensité moyenne. Seul, de tous les navires de la division, le *Berthollet* se ressentit longtemps de l'encombrement produit par les troupes passagères. Pendant plusieurs mois, les affections les plus simples revêtirent une stupeur typhique. Il n'y eut, du reste, qu'un seul mort.

Il faut pourtant noter une recrudescence de scorbut sur le *Montebello* et la *Pomone*. Les équipages de ces deux bâtiments, en particulier, furent soumis à des corvées longues et pénibles. Accablés par des travaux de jour et de nuit, ils furent plus sensibles à l'influence des vivres de campagne. La suspension des fatigues, l'usage des vivres frais firent bientôt disparaître cette disposition.

Trois cas de choléra attirèrent mon attention : deux sur le *Chaptal*, un sur le *Napoléon*; tel était le signal d'une épidémie dont je parlerai prochainement.

Dans les batteries de la marine devant Sébastopol, on compta cinquante-neuf blessés. Neuf mortellement frappés succombaient immédiatement ou presque immédiatement ; dix-sept étaient atteints assez gravement pour être envoyés à Constantinople ; les autres n'avaient que des blessures légères. Une seule amputation fut pratiquée dans notre ambulance.

Le 3 mai, M. Rallier, lieutenant de vaisseau, présentait une plaie contuse au poignet gauche occasionnée par un éclat de pierre.

TABLEAUX :

MAI 1855.

ESCADRE DE LA MER NOIRE

STATISTIQUE MENSUELLE
Mois de Mai 1855

NOMS DES BATIMENTS.	NOMBRE DES MALADES.	REMIS A LEUR SERV.	ENVOYÉS AUX HÔPITAUX	RENVOYÉS EN FRANCE.	MORTS AUX HÔP.	MORTS A BORD.	EFFECTIF DES ÉQUIPAG.
Montebello..	195	140	5	8	»	3	1011
Friedland...	80	80	10	4	»	»	1037
Napoléon....	101	60	22	3	»	»	859
Charlemagne.	84	59	2	»	»	»	866
Jean-Bart...	90	56	5	»	»	4	835
Bayard......	101	78	3	»	»	2	746
Pomone......	136	120	5	»	»	1	365
Sané........	37	22	4	»	»	»	314
Mogador....	28	16	5	»	»	»	270
Descartes...	18	19	4	»	»	»	300
Ulloa.......	18	12	»	»	»	»	185
Belle-Poule.	27	12	4	»	»	»	230
Roland......	30	22	»	»	»	»	178
Berthollet..	49	25	2	»	»	»	147
Primauguet..	29	22	»	»	»	»	186
Phlégéton...	31	23	»	»	»	»	186
Caton.......	38	32	1	1	»	1	159
Mégère......	15	14	1	»	»	»	95
Véloce......	16	14	1	»	»	»	122
Dauphin.....	23	17	»	»	»	1	91
Vautour.....	11	10	»	»	»	»	103
Chaptal.....	40	40	4	»	»	»	147
Camp de Marine	295	229	45	»	»	9	2300
Totaux..	1492	1122	123	16	37	21	10732

	EXISTANT au 1 mai.	ENTRÉS.	SORTIS.	RENVOYÉS en France.	MORTS	EXISTANT au 1 juin.
Hôpital de Thérapia.	72	131	90	9	22	82
Hôpital de Chalki...	123	144	84	5	15	163
Totaux...	195	275	174	14	37	245

DÉSIGNATION DES MALADIES.		MONTEBELLO.	FRIEDLAND.	NAPOLÉON.	CHARLEMAGNE.	JEAN-BART.	BAYARD.	POMONE.	SANTÉ.	MOGADOR.	DESCARTES.	ULLOA.	BELLE-POULE.	ROLAND.	BERTHOLLET.	PRIMAUGUET.	PHLÉGETON.	CATON.	MÉGÈRE.	VÉLOCE.	DAUPHIN.	VAUTOUR.	CHAPTAL.	CAMP DES MARINS
Fiévreux	Bronchite............	23	4	9	5	10	9	16	»	»	»	1	3	2	4	2	6	5	»	1	»	1	1	23
	Choléra.............	»	»	1	»	»	»	»	»	»	»	»	»	»	»	»	»	»	»	»	»	»	2	»
	Diarrhée............	11	3	»	5	»	10	3	2	1	1	»	2	4	»	4	3	1	»	2	4	2	13	17
	Dyssenterie.........	2	4	»	2	4	2	1	»	»	»	»	»	»	»	»	»	1	»	»	»	»	»	15
	Fièvre intermittente..	4	10	»	2	2	8	1	»	»	»	4	4	»	4	3	1	»	»	»	2	»	»	14
	— typhoïde.........	8	4	6	3	9	2	3	2	1	»	»	»	»	14	»	»	3	3	1	2	»	»	7
	Pleurésie............	21	»	»	2	»	»	2	»	1	»	»	»	1	2	1	1	»	1	2	»	»	»	»
	Pneumonies.........	2	1	5	»	1	»	»	»	2	»	»	»	»	1	»	»	»	»	»	»	»	»	4
	Rhumatismes........	»	»	7	2	1	4	»	»	1	»	»	»	»	»	1	»	1	»	3	1	»	1	6
	Scorbut.............	31	7	1	3	»	»	75	4	3	»	»	»	2	3	»	»	6	4	»	»	1	»	15
	Variole.............	»	»	2	»	»	2	1	»	»	»	»	»	»	»	»	»	»	»	»	»	»	»	»
	Rougeole............	»	»	»	»	»	»	»	6	»	»	»	»	»	»	»	»	»	»	»	»	»	»	10
	Maladies diverses....	31	19	30	20	22	15	9	8	8	10	3	11	4	12	2	8	7	»	9	5	2	14	43
Blessés...............		59	28	35	29	43	37	25	21	5	7	8	6	17	8	15	8	15	4	2	9	4	8	114
Vénériens.............		1	»	2	5	»	1	»	»	»	»	1	»	»	»	2	3	1	»	»	»	1	»	3
Maladies de peau......		2	»	3	6	8	1	»	»	»	»	1	»	»	»	»	»	»	»	»	1	»	1	24
Totaux........		195	80	101	84	100	91	136	37	28	18	18	27	30	49	29	31	38	15	16	23	11	40	295

CHAPITRE XVI

JUIN 1855. — OCCUPATION D'IÉNI-KALÉ ET DU FORT SAINT-PAUL. — STATION DE KERTCH. — CHOLÉRA A IÉNI-KALÉ.— ANAPA. — CHOLÉRA SUR L'*Alger*. — RÉSULTAT DES FATIGUES IMPOSÉES AUX OFFICIERS DE SANTÉ. — CHOLÉRA AU CAMP DE LA MARINE.

Il ne suffisait pas d'avoir tenté un coup de main hardi, il fallait rester maître de la mer d'Azoff. La première moitié du mois de juin fut employée par les généraux et les amiraux à prendre toutes mesures nécessaires à la sécurité de notre occupation. Ainsi que je l'ai dit, des travaux de fortifications habilement conçus s'élevèrent autour d'Iéni-Kalé, qui est la clef de la mer d'Azoff et autour du cap Saint-Paul, qui commande Kertch.

Depuis notre départ de Kamiesch, deux ou trois cas de choléra s'étaient manifestés parmi les militaires de la première division. Peu de jours après le débarquement une épidémie fit explosion dans le camp : deux cents hommes furent atteints de choléra, soixante-quinze succombèrent. L'insuffisance des moyens hospitaliers, à terre, nous mit dans l'obligation de recevoir les malades sur la frégate-hôpital *Ulloa*.

Une étrange coïncidence se fit remarquer à propos de cette invasion du choléra. En même temps que cette maladie régnait sur la première division à Iéni-Kalé, elle sévissait sur les troupes du même corps campées devant Sébastopol. Le médecin en chef de l'armée, Scrive, a déjà appelé l'attention sur cette particularité.

La plupart des bâtiments de l'expédition eurent quelques cholériques, sans qu'un foyer épidémique se concentrât sur aucun. Malgré le réembarquement des troupes opéré, le 14 juin, dans des conditions peu favorables, le retour s'effectua sans incident grave.

Avant de rallier Kamiesch, l'amiral Bruat désira longer la côte de Circassie. Les Russes avaient mis le feu aux divers postes militaires qu'ils y occupaient. Nous nous arrêtâmes vingt-quatre heures devant la ville d'Anapa, abandonnée par sa garnison et ses habitants, à notre approche. Les batteries étaient enclouées, les casernes, les principaux établissements incendiés, le mur d'enceinte largement ébréché par de nombreuses explosions.

Nous arrivions devant Kamiesch, le 15 juin, pour débarquer les troupes. Le 18, les escadres alliées s'approchaient des forts de la rade, prêtes à ouvrir le feu. L'insuccès de l'attaque de Malakoff par terre rendit notre coopération inutile. Attendant vainement le signal convenu pour l'attaque, nous eûmes le pressentiment de cet échec, longtemps avant d'en avoir la nouvelle officielle.

Pendant notre expédition de Kertch, l'*Alger*, resté au mouillage de Kamiesch, fut le théâtre d'une épidémie, qui débutait à l'instant de notre départ.

Deux vaisseaux étaient mouillés dans cette baie : le *Bayard*, placé à l'entrée, compta quelques cholériques comme la plupart des bâtiments; l'*Alger*, plus défavorablement établi au fond du golfe encombré de navires du commerce, eut 37 cas de choléra, dont 15 mortels.

Le choléra se montra moins foudroyant que l'année précédente. Il n'y eut rien d'assez insolite dans sa marche ou ses symptômes pour mériter une description, une dénomination particulières.

Les crampes furent moins violentes, moins tenaces. Elles firent complétement défaut sur quelques malades. J'avais, de mon côté, fait cette remarque sur certains cholériques d'Iéni-Kalé.

En définitive, cette affection se montre habituellement et partout sous deux formes prédominantes : 1° la forme spasmodique, 2° la forme intestinale. Est-il opportun d'introduire dans sa description une troisième forme dite cutanée ou sudorale?

Je ne le pense pas. La sueur, comme la suppression des urines, du pouls, comme la soif, le refroidissement, etc., constitue un symptôme. Cette sueur visqueuse qui macère le derme, qui communique aux doigts la sensation d'une peau de grenouille, est un symptôme essentiel, pathognomonique.

Pour tous les pathologistes, le choléra se caractérise par la suppression des sécrétions, excepté de celles qui s'effectuent aux surfaces intestinale et cutanée. Cette loi, qui découle de l'observation, est susceptible de quelques oscillations. Il peut y avoir absence de selles; à son tour la sueur peut faire, en partie, défaut, ce qui est infiniment plus rare. Dès lors est-il utile d'établir une division particulière pour un symptôme si constant, intervenant dans le diagnostic? Ce symptôme, alors même qu'il se prononce plus ou moins, n'altère en aucune façon la physionomie de la maladie, ne modifie en rien son expression générale, enfin n'a qu'une valeur accessoire pour le pronostic.

J'insiste sur ce point, parce que l'un de mes maîtres, M. J. Roux, premier chirurgien en chef de la marine, a rattaché à la forme sudorale le choléra observé dans la mer Noire. C'est une opinion que je repousse, sans que cette divergence entre nous enlève rien à ma reconnaissance et à ma sympathie. Quant aux états névropathiques, aux ébranlements nerveux, rapportés à cette forme sudorale, et dont je ne nie pas l'existence pendant les épidémies en général, ils ont leur place naturelle dans la grande classe des névroses.

Revenons à l'*Alger* : la période d'augmentation s'y maintint jusqu'à l'instant du changement de son mouillage. On attribua, avec raison, cette nouvelle épidémie, qui passa sur tous les camps, à l'arrivée en Crimée des troupes campées dans les environs de Constantinople, à Maslac. Le fléau asiatique y faisait depuis quelque temps de nombreuses victimes.

Après l'attaque non réussie de Malakoff, les blessés comme les cholériques engorgèrent les ambulances où nos confrères de l'armée déployaient un zèle au-dessus de tout éloge. La mort et la maladie éclaircissaient, chaque jour, leurs rangs. Sur la demande du général en chef, l'amiral m'invita à envoyer à terre tous les chirurgiens dont je pouvais disposer, sans nuire à notre service. M. Lambert, chirurgien de première classe, MM. Aiguier, Princeaux, Thomas, Hubac, Santelli, chirurgiens de deuxième classe, furent désignés.

Nous subissions, de notre côté de cruelles épreuves. M. Stéphani, chirurgien de troisième classe, mourait du choléra, à Eupatoria, à la suite des plus grandes fatigues; M. Bourgault, chirurgien-major du *Milan*, atteint d'une fièvre typhoïde, était envoyé à l'Ile-des-Princes. Quelques mois auparavant, la même maladie avait occasionné la mort de M. Garnier, chirurgien-major de la *Mégère*. Brisé par une violente dyssenterie, après plusieurs jours et plusieurs nuits de service continu aux ambulances, M. Lambert rentrait sur son vaisseau. Depuis le commencement du siége, M. Gourrier, chirurgien-major du camp des marins, avait conquis l'estime générale, en déployant d'éminentes qualités de savoir et de dévouement; il s'alitait pour une troisième récidive de dyssenterie. Je me décidai, à regret, à provoquer son retour en France. La même mesure s'appliqua à M. Vesco, chirurgien-major du *Friedland*, atteint d'une anasarque albuminurique; à M. Golfier, chirurgien-major du *Phégéton*, épuisé par la réapparition d'une colique sèche contractée aux colonies.

Lorsque la guerre se prolonge, les fatigues sans cesse renouvelées finissent par user les plus robustes. Pour toute distraction, on a l'accomplissement d'un devoir, qui n'est pas toujours en rapport avec les forces dont on dispose. Les obligations deviennent, chaque jour, plus urgentes, jusqu'au moment où le ressort tendu trop longtemps fait défaut, et beaucoup succombent noblement à l'œuvre. C'est dans ces luttes obscures que se montre la véritable énergie, c'est là que se révèlent les âmes vigoureusement trempées, bien mieux qu'à l'épreuve du combat, où chacun, en France, sait remplir son devoir.

Au camp des marins, l'influence cholérique se fit

sentir avec moins d'intensité que sur l'*Alger*. Sans compter un grand nombre de cholérines, trente cas de choléra me furent signalés. Quinze fois la maladie eut une issue funeste. Cette proportion dans les décès se montra à peu près égale dans tous les camps. Le général en chef de l'armée anglaise, lord Raglan, fut l'une des dernières victimes de cette épidémie.

Le nombre des blessés, dans les batteries de la marine, s'éleva à quatre-vingt-treize ; dix-huit fois, la lésion était grave. Trois marins succombèrent dans l'ambulance du quartier général ; sept furent tués dans les batteries.

L'effectif de l'armée dépassait alors cent vingt mille hommes. Je dus faire accompagner, pendant ce mois, par des médecins de la marine plus de dix mille blessés ou fiévreux dirigés sur les hôpitaux militaires de Constantinople.

Officiers blessés dans les batteries de la marine pendant le mois de Juin.

DATES.	NOMS ET GRADES.	GENRE DES BLESSURES.
6 juin.	M. VALLERCY, capitaine d'artillerie.	Eclat d'obus à la hanche.
» —	M. VIRGILE, capitaine d'artillerie.	Contusion à la jambe gauche et à la cuisse droite.
» —	M. DARD, sous-lieutenant d'infanterie.	Déchirure de la paupière droite par éclat de pierre.
7 —	BERGASSE DUPETIT-THOUARS, enseigne de vaisseau.	Déchi. de la cornée de l'œil droit par éclat de pierre.
17 —	M. LEBRETON DE RANZÉGAT, lieutenant de vaisseau.	Plaie contuse à la cuisse droite par éclat d'obus.
» —	M. BONNARD, lieutenant de vaisseau.	Fract. de 2 côtes par éclat d'ob. Pneum. traumat.
18 —	M. MICHEL, lieutenant d'infanterie.	Contusion par un biscaïen.

ESCADRE DE LA MER NOIRE

STATISTIQUE MENSUELLE.

Mois de Juin 1855.

NOMS DES BATIMENTS.	NOMBRE DES MALADES.	REMIS A LEUR SERV.	ENVOYÉS AUX HÔPITAUX	RENVOYÉS EN FRANCE.	MORTS AUX HÔP.	MORTS A BORD.	EFFECTIF DES ÉQUIPAG.
Montebello..	229	162	10	6	»	3	1011
Friedland...	132	85	3	4	»	»	1037
Napoléon....	101	75	8	3	»	»	882
Jean-Bart....	110	64	7	1	»	5	828
Charlemagne.	77	52	5	»	»	3	866
Bayard......	136	113	5	1	»	4	780
Alger.......	228	131	4	»	»	16	716
Belle-Poule.	33	19	6	»	»	»	236
Pomone......	178	157	»	»	»	5	365
Mogador.....	20	15	3	»	»	3	275
Cacique.....	63	17	»	»	»	»	237
Caffarelli...	26	20	»	»	»	1	242
Sané........	40	30	5	»	»	»	324
Descartes...	28	11	5	»	»	»	300
Primauguet..	31	26	»	»	»	»	186
Roland......	32	23	»	»	»	»	179
Berthollet..	56	37	10	»	»	1	132
Caton.......	29	21	»	»	»	1	137
Mégère......	45	»	2	1	»	4	93
Dauphin.....	17	14	»	»	»	»	88
Vautour....	25	21	»	»	»	»	103
Camp de marine	789	659	69	»	»	25	2400
Totaux.	2425	1752	142	16	13	71	11417

	EXISTANT au 1 juin.	ENTRÉS.	SORTIS.	RENVOYÉS en France.	MORTS.	EXISTANT au 1 juillet.
Hôpital de Thérapia.	82	33	62	12	4	37
Hôpital de Chalki...	163	97	89	10	9	152
Totaux...	245	130	151	22	13	189

DÉSIGNATION DES MALADIES.		MONTEBELLO.	FRIEDLAND.	NAPOLÉON.	JEAN-BART.	CHARLEMAGNE.	BAYARD.	ALGER.	BELLE-POULE.	POMONE.	MOGADOR.	CACIQUE.	CAFFARELLI.	SANÉ.	DESCARTES.	PRIMAUGUET.	ROLAND.	BERTHOLLET.	CATON.	MÉGÈRE.	DAUPHIN.	VAUTOUR.	CAMP DES MARINS
FIÉVREUX.	Angine............	»	3	»	4	2	6	»	»	1	»	1	1	»	»	2	1	»	»	»	1	»	9
	Bronchite..........	21	17	4	10	»	4	9	2	24	»	3	1	»	»	2	»	1	3	»	»	»	26
	Choléra............	7	»	»	2	1	6	37	»	7	5	»	»	»	»	»	»	»	3	5	»	»	83
	Choiérine..........	5	»	»	12	»	10	43	»	»	4	4	1	»	»	»	»	»	5	6	»	»	52
	Diarrhée...........	33	17	8	4	11	49	14	8	3	6	6	6	4	3	5	10	»	3	17	3	14	199
	Dyssenterie........	»	4	»	1	»	4	3	»	»	»	»	»	»	»	»	»	»	»	»	»	»	104
	Fièvre intermittente.	2	16	4	»	4	8	10	»	»	2	14	»	»	»	»	1	»	»	»	1	»	15
	Fièvre rémittente....	»	»	»	»	»	1	8	»	»	»	»	»	»	»	»	»	»	»	»	»	»	24
	Fièvre typhoïde.....	4	2	5	8	»	1	10	»	6	»	1	»	»	»	2	»	»	15	2	3	1	9
	Névralgies.........	1	1	»	»	»	»	»	4	»	»	1	»	»	»	»	1	»	»	»	1	»	3
	Pleurésie..........	4	»	1	»	1	1	2	»	3	»	»	»	»	»	2	2	»	2	»	»	»	»
	Pleuro-pneumonie...	2	1	»	»	»	»	»	»	»	»	»	»	»	»	2	»	»	»	»	»	»	»
	Phthisie pulmonaire.	1	»	»	»	»	»	»	»	»	»	»	»	»	»	»	»	»	»	»	»	»	»
	Rhumatisme........	»	3	2	1	3	»	4	»	2	»	1	3	»	»	»	1	1	»	»	»	»	14
	Scorbut	40	18	8	10	»	»	20	»	101	3	1	1	17	2	»	4	4	1	5	»	»	13
	Rougeole..........	»	»	»	»	»	»	»	»	»	»	»	»	»	»	»	»	»	»	»	»	»	2
	Variole............	»	»	»	»	»	»	»	1	»	»	»	»	»	»	»	»	»	»	»	»	»	»
	Maladies diverses....	44	13	17	27	24	20	26	9	»	13	5	12	3	9	10	23	8	2	4	2	»	100
Blessés..................		64	37	45	25	22	26	37	7	13	»	12	8	7	14	9	4	8	4	7	4	9	177
Vénériens...............		»	»	2	1	7	»	2	»	»	»	6	»	»	»	1	»	1	»	»	1	»	1
Maladies de peau...........		1	»	5	5	2	»	3	»	»	»	»	»	»	»	»	1	1	1	»	»	»	8
Totaux..........		229	132	101	110	77	136	226	33	160	20	63	26	40	28	31	32	56	29	45	17	25	789

CHAPITRE XVII

JUILLET 1855. — INFLUENCE DE LA SAISON. — PATHOLOGIE DES PAYS CHAUDS. — CHOLÉRA D'EUPATORIA. — TRIBUT PAYÉ A L'ACCLIMATATION PAR LES MARINS ARRIVÉS RÉCEMMENT DE FRANCE. — LE NOMBRE DES MALADES SUIT LA PROPORTION DE L'EFFECTIF DE L'ESCADRE.

Le mois de juillet ne fut marqué par aucun fait de guerre important. On continuait sans répit les travaux d'approche du côté de la tour Malakoff. Les sorties réitérées des Russes étaient réprimées avec énergie ; malheureusement nos travailleurs ne se trouvant séparés de la place que par quatre-vingt ou cent mètres au plus, payaient, chaque nuit, un large tribut de morts et de blessés.

Sous l'influence de la température élevée qui régnait, la pathologie des régions chaudes avait fait son apparition dans les camps et dans l'escadre. Les embarras gastriques pullulaient, soit à terre, soit à bord ; souvent simples, ils s'accompagnaient parfois d'ictère. Les fièvres intermittentes sévissaient sur les marins détachés à Inkermann, poste infecté par les miasmes, qui se dégagent de la Tchernaïa. Le type pernicieux n'était pas rare ; malgré l'usage des éméto-cathartiques, de la quinine, nous comptâmes de nombreuses victimes. Les mêmes accidents m'étaient signalés du Bosphore par les bâtiments mouillés à Béicos. Plusieurs décès consécutifs à des accès pernicieux furent constatés à l'hôpital de

Thérapia. Le voisinage de la vallée du sultan expliquait ces accidents, qui frappaient des hommes épuisés par de longues fatigues, plus ou moins débilités par le scorbut. Les fièvres intermittentes, à forme gastrique ou bilieuse, se multipliaient, depuis le mois précédent, sur l'*Alger* et au camp des marins.

Les flux intestinaux complétaient le tableau pathologique. C'était la diarrhée simple, la dyssenterie, le choléra.

Les fièvres typhoïdes, sans nous abandonner, présentaient une remarquable bénignité. Le scorbut n'avait pas lâché prise : chaque fois qu'un navire accomplissait une mission, qui le réduisait aux vivres de campagne, la stomatite, les pétéchies ne tardaient pas à se manifester. L'usage de la viande fraîche, des oignons, des fruits acidules, nous préservait d'une extension plus fâcheuse, seulement il fallait maintenir aux équipages ce régime exceptionnel. Les mêmes mesures étaient indispensables pour la station de Kertch, où l'état sanitaire n'offrait, à cette condition, rien d'alarmant.

La ville d'Eupatoria fut envahie par une épidémie de choléra. Les Turcs, composant la majeure partie de la garnison, firent des pertes considérables. Le détachement d'infanterie de marine, qui participait au service de la place, fut plus maltraité que les équipages des navires mouillés sur rade.

Le zèle intelligent déployé par M. Cochois, chirurgien-major de l'*Alouette*, mérite une mention particulière. Ce jeune officier de santé prit spontanément la direction de notre infirmerie, à terre, après la mort de son collègue,

M. Stéphani. Il s'acquitta avec autant de distinction que de dévouement de son double service. J'adressai immédiatement un rapport à l'amiral Bruat sur la conduite de ce chirurgien de troisième classe, qui fut décoré par le général en chef.

L'escadre et le corps de débarquement comptèrent deux mille huit cent trois malades. Il faut remarquer que le personnel de la flotte augmentait de mois en mois. Les arrivants étaient surtout éprouvés : les exigences de la guerre donnaient lieu à un chiffre de malades inusité en temps de paix. Comment reproduire l'agitation tumultueuse de la baie de Kamiesch ? Une activité fébrile y régnait jour et nuit.

La mortalité fut cependant inférieure à celle des mois précédents. Les maladies étaient nombreuses, leur gravité infiniment moindre que pendant l'hiver.

Le 14 juillet, un aspirant auxiliaire de la marine, M. Dessercy, avait la cuisse broyée par un éclat d'obus dans l'une de nos batteries de siége. Il succomba, le 17, à l'ambulance du quartier général.

ESCADRE DE LA MER NOIRE

STATISTIQUE MENSUELLE
Mois de Juillet 1855

NOMS DES BATIMENTS.	NOMBRE DES MALADES.	REMIS A LEUR SERV.	ENVOYÉS AUX HÔPITAUX	RENVOYÉS EN FRANCE.	MORTS AUX HOP.	MORTS A BORD.	EFFECTIF DES ÉQUIPAG.
Montebello....	390	326	63	5	»	»	1011
Friedland.....	244	201	30	»	»	4	1020
Charlemagne...	77	51	7	»	»	1	866
Jean-Bart.....	187	77	54	»	»	»	852
Bayard........	235	195	14	»	»	2	775
Sané..........	43	24	3	»	»	»	324
Cacique.......	78	67	5	»	»	»	239
Descartes.....	26	15	5	»	»	1	300
Labrador......	48	34	1	»	»	2	264
Caffarelli....	43	»	2	»	»	»	239
Belle-Poule...	54	35	10	»	»	»	238
Pomone........	87	47	»	1	»	»	350
Primauguet....	36	30	1	»	»	»	186
Phlégéton.....	37	28	5	»	»	»	204
Roland........	38	26	»	»	»	»	190
Vautour.......	21	16	»	3	»	1	93
Milan.........	14	9	»	»	»	»	94
Berthollet....	28	19	»	»	»	»	132
Mouette.......	25	19	»	»	»	1	86
Dauphin.......	23	17	»	»	»	»	90
Ténare........	38	31	1	»	»	»	103
Églantine.....	17	11	»	»	»	»	52
Palinure......	41	32	1	»	»	»	91
Alger.........	219	108	53	7	»	2	716
Camp des marins	864	510	119	»	»	»	2400
Totaux..	2903	1928	374	16	»	14	10915

	EXISTANT au 1 août.	ENTRÉS.	SORTIS.	RENVOYÉS en France.	MORTS.	EXISTANT au 1 juillet
Hôpital de Thérapia..	37	70	38	7	14	48
Hôpital de Chalki....	152	247	57	13	7	322
Ambul. d'Eupatoria..	»	16	10	»	»	9
Ambul. d'Inkermann..	»	6	»	1	5	»
Totaux.....	189	339	105	21	26	379

MARROIN.

JUILLET 1855. — INFLUENCE DE LA SAISON.

DÉSIGNATION DES MALADIES.	MONTEBELLO	FRIEDLAND	CHARLEMAGNE	JEAN-BART	BAYARD	ALGER	SANÉ	CACIQUE	DESCARTES	LABRADOR	CAFFARELLI	BELLE-POULE	POMONE	PRIMAUGUET	PHLÉGÉTON	ROLAND	BERTHOLLET	MILAN	MOUETTE	VAUTOUR	DAUPHIN	TÉNARE	ÉGLANTINE	PALINURE	CAMP DES MARINS
FIÉVREUX { Fièvre typhoïde	3	1	»	3	4	11	3	2	1	1	2	»	8	»	»	»	4	»	»	1	1	1	»	2	»
— intermittente	5	6	1	1	12	30	2	16	»	5	3	1	1	3	1	1	1	»	»	2	»	»	»	»	20
— rémittente	»	»	»	»	»	15	1	»	»	»	»	»	»	»	»	»	»	»	»	»	»	»	»	»	35
Variole	»	»	»	»	»	4	»	»	»	»	2	1	»	»	»	»	»	»	»	»	»	»	»	»	»
Scorbut	81	50	5	80	15	40	»	2	4	8	4	»	24	»	»	9	4	»	»	»	»	»	»	»	120
Angine	»	2	»	»	»	7	»	»	»	2	»	»	»	»	»	»	»	»	»	»	1	1	3	»	»
Bronchite	13	25	10	7	7	3	»	4	1	5	1	3	8	»	2	3	»	»	»	1	1	1	3	»	23
Pleurésie	7	»	»	»	4	»	»	»	»	»	»	»	»	3	»	»	»	»	»	»	»	»	»	3	»
Pneumonie	1	3	»	»	»	1	1	»	»	»	1	»	1	»	1	»	1	2	»	»	»	»	»	»	6
Rougeole	»	»	»	1	»	»	»	2	»	»	»	»	»	»	»	»	»	»	»	»	»	»	»	»	»
Dyssenterie	3	3	»	3	3	22	»	4	»	»	4	6	»	»	3	»	3	»	1	1	»	»	»	»	231
Diarrhée	105	32	9	5	123	15	4	23	1	9	8	19	4	9	11	12	»	1	8	12	10	20	2	11	215
Choléra	4	1	»	2	1	10	»	»	»	5	»	»	1	»	3	»	»	»	»	»	1	»	»	»	3
Cholérine	1	2	»	10	3	22	»	4	»	»	1	»	»	»	»	»	»	»	1	»	1	1	2	»	35
Ictère	1	1	»	»	»	»	1	»	»	»	»	»	»	»	»	»	»	1	»	»	2	»	»	»	8
Névralgie	»	»	»	1	»	»	»	1	»	»	»	1	»	»	»	1	»	»	»	»	1	»	»	»	»
Rhumatisme	»	»	»	»	1	6	1	1	»	»	»	»	»	»	»	2	»	»	»	»	»	»	»	»	9
Maladies diverses	85	33	5	22	25	18	22	3	2	»	7	11	13	2	7	2	6	2	13	4	2	5	2	7	85
Blessés	75	84	48	46	35	30	5	18	17	15	10	5	27	18	6	9	9	10	5	»	3	6	5	18	65
Vénériens	»	»	4	1	»	»	»	»	»	»	»	5	»	»	»	»	»	»	»	»	4	»	»	»	4
Maladies cutanées	1	»	5	5	1	»	1	»	»	»	1	»	»	1	1	»	»	»	»	»	»	»	»	»	25
Totaux	385	243	87	187	235	229	44	78	26	48	43	54	87	36	37	38	28	14	28	21	23	38	17	41	884

CHAPITRE XVIII

AOUT 1855. — ACCOMPLISSEMENT DES DERNIERS TRAVAUX DE SIÉGE. — BATAILLE DE TRACTIR. — AMBULANCE DE KAMIESCH DESSERVIE PAR LES CHIRURGIENS DE LA MARINE. — NOMBRE DES CHIRURGIENS DE LA MARINE AFFECTÉS AU SERVICE DE L'ARMÉE. — ÉTAT SANITAIRE DE LA FLOTTE.

Les derniers travaux du siége s'exécutèrent avec ardeur sous un feu de jour en jour plus meurtrier. Nos batteries ne laissaient pas un instant de repos à l'ennemi. Toutes les nuits, des frégates, des vaisseaux s'approchaient de la ville pour y lancer une double bordée d'obus. Cette persistance acharnée dans l'attaque, par terre, par mer, entretenait les assiégés dans des appréhensions et des fatigues constantes. Ce qui caractérisa l'impulsion donnée au siége par le maréchal Pélissier, c'est la persévérance opiniâtre dans le système d'agression, dans la poursuite de son but qu'il masquait sous d'habiles diversions. En définitive, harcelés de tous côtés, obligés de circonscrire de plus en plus la défense, les assiégés voyaient se rapprocher nos tranchées, qui n'étaient qu'à cinquante mètres de la tour Malakoff. Ils tentèrent un suprême effort.

Le 16 août, quarante mille Russes, protégés par le brouillard, franchissent le pont de Tractir, puis attaquent à l'improviste nos divisions campées sur la rive gauche de la Tchernaïa. Les troupes piémontaises, préposées à la garde de ce pont, sont surprises; elles se replient, pour reprendre bientôt l'offensive, aidées par les zouaves de la deuxième division du deuxième corps et, peu d'instants après, par toutes les réserves françaises, qui arrivent au pas de course. Les Russes sont vigoureusement refoulés ; ils renouvellent une seconde tentative contre nos lignes. Écrasés par nos batteries d'artillerie, ils ne tardent pas à se retirer en désordre, laissant un champ de bataille jonché de leurs morts comme de leurs blessés.

Les ambulances reçurent huit cents blessés français. Du 17 au 19 août, douze cents trois blessés russes furent dirigés sur l'ambulance de Kamiesch, desservie par les médecins de la marine.

Nos confrères de l'armée s'étaient livrés à de prodigieux efforts, de jour et de nuit. La mort et la maladie continuaient à faire des vides dans leurs rangs. En présence de cette avalanche de blessés, le médecin en chef, M. Scrive, m'écrivit pour solliciter l'intervention des chirurgiens de la flotte. Notre concours ne lui avait jamais manqué ; il lui était naturellement acquis dans un moment où la tâche à accomplir prenait de si graves proportions. A son instigation, le général en chef s'adressa à l'amiral; je fus chargé de constituer le personnel d'une vaste ambulance établie dans les environs de Kamiesch. La totalité des blessés russes avait été transportée sur ce point.

Je désignai douze chirurgiens. M. Lebozec, dont j'avais remarqué le zèle infatigable, pendant la dernière épidémie du vaisseau *l'Alger*, fut mis à la tête de ce service.

MM. Rault, Guigou, Coquerel, Thèze, Richer des

Forges, Isnard, Michel, Porte, Guyonnet, Reynaud, chirurgiens de deuxième classe, M. Bruzeau, chirurgien de troisième classe, vinrent se placer sous ses ordres, à partir du 17 août. MM. Coquerel et Guigou quittaient l'ambulance le lendemain, le premier par suite du départ de son bâtiment, le second à cause d'un état maladif.

Plusieurs médecins de la flotte offrirent spontanément leurs services. MM. Mauger, Danguillecourt, chirurgiens de première classe, M. Bouisson, chirurgien de seconde classe, MM. Jean, Henceling, chirurgiens de troisième classe, méritent d'être cités.

J'allai moi-même prendre la direction de l'ambulance, pendant les deux premières journées. Il était important de catégoriser, avec soin, les cas qui réclamaient une opération immédiate et ceux pour lesquels il y avait lieu d'attendre. C'est un travail délicat, qui a besoin d'attention, de patience, de sang-froid. Une fois dans les ateliers d'opérations, le chirurgien obéit involontairement à la tendance de trancher les questions à la manière d'Alexandre. La chirurgie conservatrice restera toujours la meilleure, même à la guerre. L'expérience que j'ai acquise dans ces circonstances m'a disposé à faire une plus grande part à l'expectation. A mesure que se perfectionnent, se simplifient les appareils de contention pour les membres fracturés, cette doctrine gagne du terrain.

L'administration du chloroforme fut également l'objet de ma surveillance. Trois fois seulement, des accidents convulsifs se montrèrent : ils furent conjurés par la suspension provisoire de l'inhalation, par quelques aspersions d'eau froide sur la figure. Comme pendant le combat du 17 octobre, on se servit d'une compresse jetée au fond d'un cornet en papier. L'absence d'accidents mortels, pendant la chloroformisation pratiquée sur une aussi vaste échelle, est un fait à noter.

Ce service, fonctionnant régulièrement, fut confié à M. Lebozec qui déploya, avec beaucoup d'entrain, un incontestable mérite chirurgical. Sur ma demande appuyée par l'amiral, ce chirurgien-major fut décoré par le général en chef.

Du 17 au 21 août, quatre-vingt-deux amputations furent pratiquées; onze dans la contiguïté, soixante et onze dans la continuité.

Les méthodes circulaire et ovalaire furent presque exclusivement employées pour les amputations dans la continuité. La méthode à lambeaux fut réservée à certains cas particuliers, dans le but d'opérer la section de l'os plus loin du tronc, ainsi qu'aux amputations dans la contiguïté.

La majeure partie des blessures avait été causée par des balles, tantôt sphériques, tantôt cylindro-coniques, en proportion à peu près égale. Les os étaient toujours brisés avec fracas.

Les lésions par éclats d'obus, boulets ou biscaïens, avaient occasionné plus de morts que de blessés. Le chiffre de ces lésions n'a pas dépassé vingt.

Il n'existait que deux plaies dues à la baïonnette.

Les blessures des membres étaient les plus nombreuses, surtout celles des membres inférieurs.

Nous ne comptâmes que quinze blessures de la tête ou du tronc.

Pendant ces cinq jours la mortalité s'exprima par le chiffre vingt-cinq. Je dois faire remarquer que plusieurs blessés, les plus graves en particulier, avaient passé deux ou trois jours sur le champ de bataille, en butte à toutes les privations.

Cinq amputés succombèrent à l'ambulance. Deux avaient subi l'amputation coxo-fémorale, l'un opéré par M. Mauger, chirurgien-major du *Jean-Bart*, l'autre par moi. Dans les deux cas, le procédé de Baudens avait obtenu la préférence.

MM. Richepin et Hémart, aides-majors de la guerre, partagèrent les fatigues de ces journées. La médecine militaire était représentée par eux avec la plus grande distinction. Opérateurs habiles, ils déployèrent une activité à laquelle je suis heureux de rendre hommage.

Durant cette épreuve, nos chirurgiens se firent remarquer par leur ardeur non moins que par des qualités chirurgicales, qui honorent l'enseignement des écoles navales. MM. Rault, Richer des Forges, Isnard, Porte, ont droit à une mention spéciale.

Le médecin en chef de l'armée, appréciant avec reconnaissance notre intervention, formula son estime dans une lettre, flatteuse pour nous tous, adressée à M. l'Intendant général.

Pour donner la mesure de notre coopération au service de santé de la guerre, je vais dénombrer les chirurgiens détachés de l'escadre. C'est un élément de plus, à l'appui des plaintes de M. Scrive, sur l'insuffisance du personnel placé sous ses ordres.

Depuis le commencement du siége, les quatre chirurgiens attachés aux compagnies de débarquement faisaient le service de l'ambulance de tranchée, de concert avec les médecins militaires. Plus récemment, un cinquième chirurgien avait été désigné pour le poste d'Inkermann.

A la suite de l'attaque de Malakoff, le 17 juin, six chirurgiens de deuxième classe se rendirent dans les ambulances, quatre s'y trouvaient encore maintenus au mois d'août.

Douze officiers de santé de la marine donnaient, en ce moment, des soins aux blessés russes réunis à Kamiesch ; enfin, six autres se trouvaient, depuis plusieurs mois, affectés au transport des fiévreux et des blessés dirigés sur les hôpitaux de Constantinople. Nous arrivons à un total de vingt-sept chirurgiens mis à la disposition de l'armée.

En réduisant notre personnel sur la flotte, je comptais sur la bonne volonté de mes camarades ; le service médical de la marine n'en souffrit pas. La gravité des événements qui se déroulaient sous nos yeux décuplait les forces de chacun.

Jetons un coup d'œil sur l'état sanitaire pendant ce mois. Les fièvres rémittentes bilieuses n'abandonnaient ni le camp des marins, ni l'*Alger*. Ce vaisseau, mouillé dans la baie de Kamiesch, centralisait le service de la direction du port ; il envoyait des corvées journalières à terre. On comprend pourquoi son équipage participait aux maladies des camps et de la flotte.

La dyssenterie épidémique sévissait sur les marins des batteries avec autant d'intensité que sur l'*Alger*. Moins accessible aux purgatifs salins, à l'ipéca, elle cédait plus volontiers à l'usage du nitrate d'argent et de l'opium. Comme complication du scorbut, elle aboutit plus d'une fois à une terminaison funeste.

La recrudescence scorbutique, observée le mois précédent, tendait à s'éteindre sur le *Montebello*, le *Friedland*, l'*Alger*, le *Charlemagne*, la *Pomone*.

Le choléra ne se détachait pas de l'escadre. Sur treize cas disséminés, quatre seulement étaient suivis de mort. Nous étions familiarisés avec ces brusques apparitions. L'armée était plus maltraitée que nous, mais nos relations étaient trop fréquentes pour que nous ne subissions pas le contre-coup des épreuves qu'elle traversait.

Un vaisseau, récemment arrivé de France, nous présenta seul une petite épidémie : le *Wagram* eut dix-sept cholériques et dix morts en quinze jours.

Malgré cette épidémie, malgré nos pertes par le feu (trois matelots tués aux batteries), le total des décès pour le mois ne fut que de vingt-six.

L'état-major du camp ne compta que deux blessés : M. Martinssen, aspirant auxiliaire, eut la figure criblée par des éclats de pierre, le 20 août ; deux jours après, M. Contessouze, enseigne de vaisseau, était blessé pour la seconde fois. Il recevait un éclat de bombe sur le pied droit.

ESCADRE DE LA MER NOIRE

STATISTIQUE MENSUELLE

Mois d'Août 1855

NOMS DES BATIMENTS.	NOMBRE DES MALADES.	REMIS A LEUR SERV.	ENVOYÉS AUX HÔPITAUX.	RENVOYÉS EN FRANCE.	MORTS AUX HÔP.	MORTS A BORD.	EFFECTIF DES ÉQUIPAG.
MONTEBELLO.....	271	196	7	3	»	1	1019
FRIEDLAND.....	272	209	2	3	»	1	1122
JEAN-BART......	131	82	18	3	»	1	849
WAGRAM........	214	154	12	3	»	10	897
CHARLEMAGNE....	122	73	8	»	»	2	866
ULM...........	123	85	1	»	»	»	907
ALGER.........	145	100	14	2	»	2	744
POMONE........	45	37	»	»	»	»	385
BELLE-POULE....	63	39	4	»	»	»	250
DESCARTES......	24	11	1	1	»	»	300
VAUBAN........	64	53	»	»	»	1	311
ROLAND........	28	22	»	»	»	»	184
CATON.........	35	27	»	»	»	1	135
VAUTOUR.......	14	9	1	»	»	»	107
FULTON........	12	8	1	»	»	»	87
MILAN.........	18	13	2	»	»	»	94
DAUPHIN.......	24	16	»	1	»	2	88
CASSINI.......	31	28	»	»	»	»	137
SÉSOSTRIS.....	28	26	1	»	»	»	102
TÉNARE........	35	30	»	»	»	»	106
PALINURE......	35	32	»	»	»	»	100
TONNANTE......	97	68	»	»	»	»	250
FLÈCHE........	32	»	»	»	»	»	72
MITRAILLE.....	26	18	»	»	»	»	73
ALARME........	31	28	»	»	»	»	72
VIGIE.........	29	24	»	»	»	»	52
ÉGLANTINE.....	12	9	»	»	»	»	51
INKERMANN.....	110	105	»	»	»	2	300
CAMP DES MARINS.	634	439	4	58	»	3	3151
TOTAUX....	2705	1941	76	74	»	26	12811

	EXISTANT au 1 août.	ENTRÉS.	GUÉRIS.	RENVOYÉS en France.	MORTS.	EXISTANT au 1 sept.
Hôpital de Thérapia.	48	62	48	8	5	49
Hôpital de Chalki...	322	81	204	13	8	178
TOTAUX...	370	143	252	21	13	227

DÉSIGNATION DES MALADIES.		MONTEBELLO.	FRIEDLAND.	WAGRAM.	CHARLEMAGNE.	ULM.	ALGER.	POMONE.	BELLE-POULE.	DESCARTES.	VAUBAN.	ROLAND.	CATON.	VAUTOUR.	FULTON.	MILAN.	DAUPHIN.	CASSINI.	SÉSOSTRIS.	TÉNARE.	PALINURE.	TONNANTE.	FLÈCHE.	MITRAILLE.	ALARME.	VIGIE.	ÉGLANTINE.	INKERMANN.	CAMP DES MARINS.
	Angine............	2	10	7	3	6	2	»	»	»	»	»	»	»	»	1	»	»	1	»	4	»	»	»	»	1	»	6
	Bronchite..........	10	12	»	3	»	3	9	»	»	3	»	»	»	»	»	»	2	»	1	»	»	1	»	1	»	»	»	23
	Choléra...........	1	4	17	»	»	1	»	»	»	»	»	2	»	»	»	2	»	»	»	»	»	»	»	»	»	»	»	2
	Cholérine.........	2	5	14	»	15	5	»	»	»	»	6	1	»	»	1	»	»	»	»	»	»	»	»	»	»	»	4	3
	Diarrhée..........	62	46	38	29	28	14	9	8	3	18	8	4	3	»	4	10	7	2	7	10	20	5	»	19	»	»	10	109
	Dyssenterie........	9	10	6	»	4	14	3	3	»	»	»	2	»	»	3	3	»	»	»	»	1	10	»	2	1	2	171
FIÉVREUX..	Fièvre intermittente.	4	3	2	8	»	»	4	1	»	»	»	2	1	1	»	1	1	»	»	»	»	»	»	»	100	34
	Fièvre rémittente....	»	»	»	»	»	9	»	»	»	»	»	»	»	»	»	»	»	»	»	»	»	»	»	»	»	»	11
	Fièvre typhoïde.....	2	4	4	3	8	5	»	»	»	»	3	»	1	»	1	1	»	1	1	»	»	1	»	»	»	»	»
	Pneumonie.........	2	2	2	»	4	»	»	»	»	»	»	»	»	»	»	»	»	»	1	»	1	»	»	»	»	»	»
	Pleurésie........	6	»	3	»	2	1	»	»	2	»	»	»	»	»	»	»	»	1	1	»	»	»	»	»	»	»
	Rhumatisme........	1	»	1	1	»	2	1	»	»	»	»	»	»	»	1	»	»	»	»	»	»	»	»	»	»	7
	Scorbut............	24	10	»	4	»	12	12	»	»	»	8	2	»	1	4	»	»	»	»	5	»	»	»	»	»	157
	Variole...........	»	»	»	»	»	2	»	»	»	»	»	1	»	»	»	»	»	»	»	»	»	»	»	»	»
	Maladies diverses...	64	64	22	»	37	20	50	2	36	2	25	1	12	3	5	3	3	8	3	13	9	31	5	7	»	11	3	23
Blessés..............		82	97	62	32	24	22	17	10	16	15	11	6	3	4	4	2	8	11	11	7	17	19	9	10	12	7	10	85
Vénériens.............		»	5	30	»	11	2	»	5	3	»	»	»	»	»	1	»	»	8	1	1	21	»	»	»	4	»	»	»
Maladies de peau............		»	»	6	2	1	4	»	»	»	1	»	»	»	»	»	»	3	»	1	3	»	»	2	»	»	»	13
Totaux.....		271	272	214	122	123	146	57	63	24	64	28	35	14	12	18	24	31	28	35	35	97	32	26	33	29	12	130	644

CHAPITRE XIX

SEPTEMBRE 1855. — OUVERTURE DU FEU DE TOUTES LES BATTE-
RIES, LE 5.— ASSAUT DE MALAKOFF ET DU BASTION CENTRAL, LE 8.
— AMBULANCE DE KAMIESCH RÉSERVÉE AUX CHIRURGIENS DE LA
MARINE. — MORTS ET BLESSÉS DANS NOS BATTERIES DE SIÉGE. —
MALADIES DE L'ESCADRE PENDANT LE MOIS.

Tout semblait prêt pour l'assaut de Sébastopol. Les diversions opérées par le feu de nos batteries ne protégeaient qu'imparfaitement les travailleurs ; nos blessés et nos morts dépassaient, chaque nuit, le chiffre de cent. Les têtes de nos parallèles n'étaient séparées que de vingt-cinq mètres de Malakoff, de quarante mètres du Bastion central, de vingt-cinq mètres du bastion du Mât.

Le 5 septembre, un feu écrasant s'ouvrit sur toute la ligne d'attaque. Les Russes répondirent avec acharnement, mais la supériorité de l'artillerie alliée, la masse de fer qu'elle vomissait sur la place, firent naître dans les cœurs l'espoir d'un succès prochain. Quel récit pourrait reproduire l'image de ces milliers de projectiles enflammés sillonnant le ciel, pendant la nuit, fusées, bombes, obus, au milieu du fracas incessant des détonations ? Les témoins du dernier acte du siége conserveront un long souvenir de ce spectacle à la fois horrible et grandiose. On eût dit que le génie de la destruction présidait à cette lutte gigantesque arrosée du sang de milliers de victimes.....

Le 6, un vaisseau russe fut brûlé par nos bombes, qui jusqu'alors n'avaient pu atteindre le port.

OUVERTURE DU FEU DE TOUTES LES BATTERIES. 173

Le 7, un second vaisseau s'embrasait ; de nombreux incendies éclataient sur divers points de la ville.

La nuit était éclairée par de larges colonnes de flammes ; l'ardeur des assiégeants augmentait en face de ces ravages. Sébastopol résistait encore avec l'énergie du désespoir : ses héroïques défenseurs semblaient décidés à s'ensevelir sous les décombres fumants qui s'amoncelaient autour d'eux.

L'armée recevait, le 8, l'ordre de se préparer à l'assaut. Cet ordre fut accueilli avec transport : pour les soldats, c'était la fin de tant de misères noblement supportées, c'était aussi le signal d'une victoire certaine.

L'assaut du grand Redan fut réservé aux Anglais.

Les Français devaient enlever Malakoff, le petit Redan à droite, le Bastion central à gauche.

Le 8, à midi, la première division, sous les ordres du général Mac-Mahon, s'élance avec un entraînement irrésistible vers Malakoff, y pénètre, s'y maintient malgré les retours impétueux et opiniâtres des Russes, qui, à chaque tentative, laissent le sol couvert de morts et de mourants.

Nous apercevons de nos vaisseaux le drapeau français flotter, vers deux heures, sur Malakoff, grâce aux éclaircies produites par un vent violent au milieu de l'épaisse fumée qui résultait des détonations de l'artillerie et de la mousqueterie.

Au même instant, s'opérait, devant notre mouillage, l'attaque du Bastion central. Les colonnes d'assaut s'avançaient intrépidement au pas de course. Bientôt le sol miné faisait explosion ; nos malheureux soldats projetés dans l'espace retombaient mêlés aux décombres. Après plusieurs essais infructueusement renouvelés, nos troupes se résignaient à la retraite sur ce point.

En visitant le champ de bataille, le lendemain, on comprenait l'ardeur indomptable de l'attaque comme l'énergie de la résistance.

Les cadavres des Français obstruaient encore le fossé extérieur de Malakoff. Du côté de Sébastopol où étaient venus se briser les efforts de plusieurs colonnes russes, les cadavres formaient des monceaux hideux. Peut-on rendre l'impression causée par l'aspect de ces débris humains, de ces affreuses mutilations dues à l'explosion des mines?....

Dans la soirée du 8, les Russes, après avoir fait sauter leurs magasins, leurs poudrières, leurs forts, se retirèrent, au moyen d'un pont de bateaux, sur la rive droite de la rade. Le 9, les drapeaux alliés se déployaient sur Sébastopol!...

La violence du vent avait privé les escadres de prendre leur part de gloire. Seules, les bombardes françaises et anglaises, rangées dans la baie de Streleska, avaient lancé leurs projectiles sur la ville, pendant la mémorable journée du 8.

Que restait-il de cette marine russe qui avait fait l'orgueil de l'empereur Nicolas? La plupart des vaisseaux étaient coulés depuis le début de la guerre, les autres venaient d'être incendiés. Deux ou trois navires à vapeur, échoués au fond des criques du côté nord, allaient devenir la proie des flammes.

Ce succès fut payé cher. Cinq mille Français entrèrent

dans les ambulances militaires : deux mille furent tués sur place.

L'amiral Bruat offrit spontanément au général en chef le concours des chirurgiens de la flotte. Le médecin en chef de l'armée me pria de désigner pour l'ambulance de la plage confiée à M. le docteur Fléchut, médecin-major, un personnel suffisant pour dix-huit cents blessés. M. Lebozec, chirurgien de 1re classe, MM. Rault, Hiriart, Isnard, Villaret, Martin, Bonnaud, Dugé de Bernonville, chirurgiens de 2e classe, MM. Gaymard, Debout, Laugier, chirurgiens de 3e classe ; MM. Blin, Morin, Courtin, auxiliaires de 3e classe, reçurent l'ordre de se rendre à Kamiesch.

J'invitai, de plus, tous les médecins des bâtiments mouillés à proximité de la baie à consacrer à l'ambulance les heures de liberté dont ils pouvaient disposer.

MM. Jourdan, Legrain, chirurgiens de 1re classe, MM. Porte, Richer des Forges, Bavay, chirurgiens de 2e classe, MM. Vidal et Jean, chirurgiens de 3e classe, répondirent à cet appel avec un empressement méritoire.

Une conjonctivite très-douloureuse contractée le 9, en visitant Sébastopol à la suite de l'inspection de notre ambulance du camp, ne m'empêcha pas de passer quelques heures, chaque jour, à Kamiesch.

Les blessures les plus variées s'y rencontraient, tantôt produites par des balles ou des boulets, tantôt par des éclats d'obus, tantôt par l'arme blanche. Les membres étaient le siége d'un très-grand nombre; assez ordinairement il y avait fracture de l'os ou des os. Nous observâmes plus de lésions de la tête, du tronc, qu'après la bataille de Tractir.

Cent quarante opérations importantes furent pratiquées du 8 au 25. Je ne compte pas les extractions de balles, de corps étrangers, d'esquilles, parfois longues, minutieuses, délicates.

La gangrène des moignons, la pourriture d'hôpital, le tétanos produisirent des complications aussi fréquentes que funestes. Pour expliquer ces résultats peu favorables de la chirurgie, il faut songer à la nature du service imposé aux troupes, pendant les derniers jours du siége.

Dans les batteries de la marine, nous éprouvâmes des pertes sensibles. Le 5, nous comptions soixante et onze blessés, douze morts. Parmi ces derniers, je mentionnerai les capitaines d'artillerie Gouhot (tête emportée par un boulet) et d'Hornoy (éclat d'obus à la partie supérieure de la cuisse droite), le lieutenant de vaisseau Girard ; (tête emportée par un boulet).

Au nombre des blessés figuraient M. Jehenne, enseigne de vaisseau (vaste plaie contuse par boulet à la partie postérieure de l'épaule droite, avec broiement de l'omoplate), M. Gougeard, lieutenant de vaisseau (plaie contuse au coude gauche), M. Warneck, aspirant de 2ᵉ classe (plaie à la cornée transparente de l'œil droit par un éclat de pierre).

Le 6, nous avions quatre morts, quatorze blessés.

Le 7, un seul mort, le lieutenant d'artillerie Roy, tué par un éclat de bombe, sept blessés au nombre desquels se trouvait M. Lamour, capitaine d'artillerie, atteint d'une violente contusion à l'œil droit.

A la suite de la prise de Sébastopol, plusieurs officiers

de santé de l'armée furent décorés par le général en chef. Sur la demande de l'amiral Rigault de Genouilly, MM. Aiguier et Guillou, chirurgiens de deuxième classe, détachés, le premier à Inkermann, le second au camp des marins, furent compris dans cette promotion.

L'état sanitaire de la flotte subit l'influence des premiers froids. Les maladies aiguës de la poitrine firent contre-poids aux affections abdominales qui persistaient encore.

Une légère épidémie de choléra se fit remarquer sur le *Friedland*. Quatorze cas s'y manifestèrent, pendant la première quinzaine de septembre : six aboutirent à la mort. Le *Montebello*, l'*Alger*, le *Jean-Bart*, eurent chacun un cas avec terminaison *heureuse*. Sans sévir d'une manière aussi violente que l'année précédente, le fléau asiatique ne nous abandonna jamais complétement.

Le scorbut continuait à être en décroissance.

En défalquant les décès du camp, nous ne perdions que douze marins dans l'escadre. C'était un résultat satisfaisant dans les circonstances actuelles.

SEPTEMBRE 1855. — OUVERTURE

ESCADRE DE LA MER NOIRE

STATISTIQUE MENSUELLE

Mois de Septembre 1855

NOMS DES BATIMENTS.	NOMBRE DES MALADES.	REMIS A LEUR SERVICE	ENVOYÉS AUX HÔPITAUX.	RENVOYÉS EN FRANCE.	MORTS AUX HÔP.	MORTS A BORD.	EFFECTIF DES ÉQUIPAGES.
MONTEBELLO....	208	178	5	2	»	»	1034
FRIEDLAND.....	263	208	5	4	»	6	1010
JEAN-BART.....	73	55	1	»	»	»	844
WAGRAM........	140	114	»	1	»	1	884
ULM...........	100	59	»	»	»	»	893
ALGER.........	79	54	2	»	»	3	880
BELLE-POULE...	46	48	5	»	»	»	250
VAUBAN........	42	43	1	»	1	»	240
TONNANTE......	97	74	»	»	»	»	250
VAUTOUR.......	12	10	»	»	»	»	105
SÉSOSTRIS.....	32	27	»	»	»	1	102
CASSINI.......	26	23	»	»	»	»	137
PALINURE......	32	25	»	1	»	»	100
ROLAND........	26	19	»	»	»	»	184
PRIMAUGUET....	36	32	»	»	»	»	186
DAUPHIN.......	19	16	2	2	»	»	89
FLÈCHE........	22	»	»	»	»	1	72
ALARME........	7	4	1	»	»	»	74
CAMP des MARINS.	461	283	61	»	5	22	2533
TOTAUX..	1721	1272	83	10	6	34	9867

	EXISTANT au 1 septemb.	ENTRÉS.	SORTIS.	RENVOYÉS en France.	MORTS.	EXISTANT au 1 octob.
Hôpital de Thérapia.	49	46	39	16	3	37
Hôpital de Chalki..	178	»	96	33	3	46
TOTAUX...	227	46	135	49	6	83

DÉSIGNATION DES MALADIES.		MONTEBELLO.	FRIEDLAND.	JEAN-BART.	WAGRAM.	ULM.	ALGER.	BELLE-POULE.	VAUBAN.	TONNANTE.	VAUTOUR.	SÉSOSTRIS.	CASSINI.	PALMYRE.	ROLAND.	PRIMAUGUET.	DAUPHIN.	FLÈCHE.	ALARME.	CAMP DES MARINS
FIÉVREUX.	Angine..........	13	3	6	5	»	»	1	1	2	»	»	»	»	»	»	2	»	»	»
	Bronchite........	9	14	3	12	12	3	»	6	6	»	»	3	»	3	2	»	»	»	14
	Choléra..........	1	14	1	»	»	1	»	»	»	»	»	»	»	»	»	»	»	»	»
	Cholérine........	»	5	»	»	»	1	»	»	»	»	»	»	»	»	»	»	»	»	6
	Diarrhée........	34	72	»	22	10	5	6	4	12	»	1	6	5	5	7	6	3	2	56
	Dyssenterie......	5	21	16	4	3	9	2	»	1	»	»	»	»	»	»	2	2	»	83
	Fièvre intermittente..	2	6	4	7	6	16	»	4	1	3	»	»	»	»	»	»	»	»	25
	— typhoïde......	2	3	»	3	»	4	»	»	»	»	»	»	1	»	»	1	»	1	7
	Ictère...........	1	1	»	»	»	»	»	»	»	»	1	»	»	»	»	»	»	»	12
	Pneumonie.......	2	5	»	1	1	»	»	»	»	»	»	»	»	»	»	»	2	1	»
	Pleurésie........	»	»	»	4	»	»	»	»	»	»	»	»	»	1	»	»	»	»	2
	Phthisie.........	2	»	»	»	»	»	»	»	»	»	1	»	»	»	»	»	»	»	»
	Rhumatisme.....	3	2	2	2	»	»	1	»	»	»	1	»	1	»	1	»	1	»	5
	Scorbut..........	25	»	5	»	28	2	»	»	»	»	»	»	»	3	1	»	»	»	75
	Variole..........	»	»	»	»	»	»	»	»	»	»	»	»	»	»	»	»	»	»	»
	Maladies diverses..	30	20	13	20	5	12	12	9	5	1	8	8	8	1	9	1	4	2	52
Blessés........................		77	83	22	52	27	24	18	16	53	8	16	8	17	12	16	5	10	»	121
Vénériens......................		2	6	1	1	6	2	7	»	17	»	3	»	»	1	»	2	»	»	1
Maladies de peau..............		»	8	»	7	2	1	»	1	»	»	2	»	1	»	»	»	»	»	2
Totaux......		208	263	73	140	100	79	46	42	97	12	32	26	32	26	36	19	22	7	461

CHAPITRE XX

OCTOBRE 1855. — EXPÉDITION DE KINBURN. — VISITE A EUPATORIA. — ATTAQUE DE LA FORTERESSE LE 17. — STATISTIQUE DES BLESSÉS ET DES MORTS. — OCCUPATION DE KINBURN PAR UNE GARNISON FRANÇAISE. — RETOUR DE L'ESCADRE A SÉBASTOPOL.

Sébastopol était à peine en notre pouvoir que les amiraux obtenaient d'accomplir une expédition destinée à porter le dernier coup à la marine russe dans la mer Noire.

Quatre vaisseaux mixtes, le *Montebello*, le *Jean-Bart*, l'*Ulm* (1), le *Wagram*, (2) ; trois frégates à vapeurs, les bombardes, les canonnières, trois batteries flottantes, arrivées depuis peu, constituaient les forces navales françaises appelées à opérer contre Kinburn.

Les Anglais avaient des forces équivalentes, moins les navires cuirassés.

Nous embarquâmes, le 6 octobre, une division anglo-française de huit mille hommes placée sous les ordres du général Bazaine. Le vice-amiral Bruat, récemment élevé à la dignité d'amiral, prit le commandement en chef.

Nous partîmes pour Kinburn, le 7.

A la hauteur d'Eupatoria, le *Montebello*, portant au grand mât le pavillon du nouvel amiral, laissa défiler

(1) M. Labrousse, capitaine de vaisseau, commandant, M. Thierry, chirurgien-major.

(2) M. Larrieux, capitaine de vaisseau, commandant, M. Jourdan, chirurgien-major.

la double ligne du convoi, et vint mouiller quelques heures, devant cette ville. Nous y apprîmes le brillant fait d'armes accompli par les dragons et les hussards du général d'Allonville. Après avoir dispersé un corps de cavalerie russe supérieur en nombre, ils s'étaient emparés de plusieurs pièces d'artillerie.

L'escadre expéditionnaire fit une halte devant Odessa. Pendant trois jours, la terreur régna dans cette ville. Nous apercevions, se dirigeant vers l'intérieur des terres, de longues files d'Arabas chargés probablement des richesses, que les habitants voulaient soustraire au bombardement, dont ils se croyaient menacés.

Nous n'arrivâmes à Kinburn que le 13, au soir.

Dès le lendemain, les troupes alliées étaient mises à terre, avec le matériel d'artillerie. L'attaque de la place devait avoir lieu le 15; malheureusement un coup de vent rendit impossible l'accomplissement de ce projet.

La forteresse de Kinburn est construite sur une langue de terre qui s'avance vers la ville d'Otchakoff. Pour l'investissement, il fallait forcer une passe étroite entre ce promontoire garni de batteries rasantes et Otchakoff, dont les batteries croisaient leurs feux avec les précédentes. Cette mission délicate fut confiée aux contre-amiraux des deux escadres, MM. Pélion et Stuart.

A neuf heures et demie du matin, le 17 octobre, anniversaire glorieux pour l'escadre, les batteries flottantes (1) s'embossèrent à six cents mètres du fort pour

(1) Les batteries flottantes étaient commandées par MM. Dupré, de Montaignac de Chauvance, Cornulier de Lucenière, capitaines de frégate.

ouvrir immédiatement leur feu. Les canonnières, échelonnées sur un second plan, appuyèrent vigoureusement cette attaque. Sur un troisième plan, figuraient les bombardes, qui contribuèrent pour une large part au succès de la journée.

Les bâtiments blindés servirent de point de mire à toute l'artillerie du fort. Imperméables aux nombreux boulets, qui venaient se briser sur leurs flancs, ils ne conservèrent que de légères empreintes sur leur carapace de fer. La partie de la forteresse battue par eux présentait, à midi, de larges éboulements : plusieurs embrasures étaient détruites, beaucoup de pièces démontées ; cependant la résistance, bien qu'affaiblie, continuait.

Pour en finir, l'amiral Bruat signale aux frégates à vapeurs d'opérer le mouvement tournant convenu ; aux vaisseaux de s'embosser à huit cents mètres.

Le promontoire de Kinburn se trouve en peu d'instants entouré d'une ceinture de batteries.

Cette double manœuvre fut admirablement exécutée. Les six frégates alliées se lancèrent avec une grande décision dans la passe, en faisant feu des deux bords. Aidées par plusieurs canonnières, qui avaient franchi le détroit d'Otchakoff, pendant la nuit, elles prirent le fort à revers.

Le siége s'élevait ainsi à une colossale proportion. Pendant une demi-heure, les puissantes bordées des vaisseaux couvrirent d'un ouragan de fer Kinburn devenu la proie des flammes en maints endroits ou ébranlé dans ses fondements par des explosions multipliées. L'armée attendait avec impatience l'ordre de l'assaut.

L'amiral suspendit le feu, en hissant le pavillon parlementaire. Le commandant Lejeune, sous-chef d'état-major, fut envoyé à terre pour offrir une capitulation immédiatement acceptée.

Les compagnies de débarquement de l'escadre, occupèrent cette place, maîtresse des embouchures du Bug et du Dniéper. C'était un premier jalon dans notre acheminement vers Kerson et Nicolaïef.

La prise de Kinburn est un fait d'armes dont l'honneur revient exclusivement aux marines alliées de France et d'Angleterre. La division d'infanterie débarquée se borna à intercepter les communications de la presqu'île.

On entendait, le lendemain 18, des explosions retentir du côté d'Otchakoff. Les Russes détruisaient les défenses de cette ville.

La garnison prisonnière se composait d'un officier général, de trente-cinq officiers, de quinze cents soldats.

Cent soixante-quatorze bouches à feu, vingt-cinq mille projectiles, cent vingt mille cartouches, des poudres en magasin, des approvisionnements de toute nature tombèrent en notre pouvoir.

Sur la *Dévastation*, 2 hommes furent tués, littéralement coupés en deux par un boulet, et 12 blessés. L'un d'eux, atteint d'un éclat d'obus à la tête, inspira longtemps des inquiétudes. Un second reçut un éclat d'obus qui fit séton à la partie supérieure et postérieure de la cuisse gauche. Je n'observai, chez les 10 derniers, que des plaies contuses ou des contusions sans gravité.

La *Tonnante* compta 9 blessés. La plupart présentaient des plaies contuses, ou des contusions de moyenne intensité. Un seul homme, atteint à la main par un éclat d'obus, subit l'amputation de quelques phalanges.

La *Lave* (1) n'eut ni morts, ni blessés; les autres bâtiments de l'escadre jouirent du même privilége.

L'emménagement des batteries flottantes, essentiellement destinées au combat, nécessita la répartition immédiate des blessés sur les vaisseaux. MM. Gouffaut et d'Ormay, chirurgiens-majors de la *Dévastation* et de la *Tonnante* en avaient pris soin, pendant la lutte, de sorte que cette translation s'opéra sans délai dans de bonnes conditions.

Par ordre de l'amiral, j'établis une ambulance provisoire pour les blessés russes. 10 chirurgiens descendirent à terre, sous la direction de M. Mauger, chirurgien-major du *Jean-Bart*.

25 hommes avaient été tués pendant l'action. Le chiffre des blessés s'élevait à 80. 2 subirent une amputation immédiate, tous furent confiés après pansement, soit à l'ambulance de la division qui avait envoyé ses cacolets, soit aux bâtiments mouillés à proximité.

J'avais hâte de soustraire ces malheureux aux dangers de leur situation. Les incendies allumés par nos bombes, continuaient leurs ravages : de fréquentes explosions avaient lieu : le jour touchait à sa fin. Cette répartition des blessés, en divisant le travail, permit d'évacuer, le lendemain, 40 des plus graves opérés ou pansés, sur la ville d'Odessa.

---

(1) M. Rideau, chirurgien-major.

A la tête des canonnières, le contre-amiral Pélion remonta le Bug, tandis que son chef d'état-major, M. de Kersauson de Pénendreff, explorait le Dniéper, ayant sous ses ordres une flottille. Trois énormes trains de bois de construction furent capturés pendant cette expédition faite de concert avec les Anglais.

L'amiral Bruat venait de réaliser l'un de ses rêves. Cette expédition, acceptée sous sa responsabilité, ne devait pas rester stérile dans l'avenir. Aussi ne négligea-t-il rien de ce qui pouvait garantir notre nouvelle possession des chances défavorables d'un coup de main et même d'une attaque régulière. Le 95ᵉ régiment, commandé par le colonel Danner, prit garnison dans la forteresse. Des compagnies d'infanterie de marine armèrent les batteries qui défendaient la presqu'île. Les navires blindés s'embossèrent de façon à protéger le fort, sans gêner le feu des canons. Enfin, une station navale, composée de canonnières et d'avisos à vapeur, fut placée sous les ordres du capitaine de vaisseau Paris.

Le 1ᵉʳ novembre, les flottes alliées quittèrent ces parages. En arrivant à Sébastopol, le 3, nous apprenions que l'amiral était rappelé en France avec tous les bâtiments présents dans la mer Noire depuis le commencement des hostilités. Notre état sanitaire ne laissait rien à désirer : il y avait si peu de malades dans la flotte que les deux tiers des lits de nos hôpitaux étaient inoccupés.

Les pouvoirs de l'amiral Bruat passèrent au contre-amiral Pélion. Chaque chef de service se disposa à remettre à un successeur les renseignements qui concernaient sa gestion. C'est à M. Thibaut, chirurgien-major du

Napoléon, que j'adressai tous les détails de la centralisation médicale. Aux bulletins sanitaires du mois d'octobre, je joignis un résumé des phases pathologiques de l'escadre, depuis le 1ᵉʳ janvier 1855, l'énumération des mesures hygiéniques adoptées, comme des ressources hospitalières sur lesquelles on pouvait compter.

CHAPITRE XXI

EMBARQUEMENT DE LA GARDE IMPÉRIALE SUR LES VAISSEAUX ET FRÉGATES EFFECTUANT LEUR RETOUR A TOULON. — DÉPART DE CRIMÉE, LE 7 NOVEMBRE. — ARRIVÉE A CONSTANTINOPLE, LE 10. — DÉPART POUR TOULON, LE 15. — MALADIE ET MORT DE L'AMIRAL BRUAT. — LE CHEF D'ÉTAT-MAJOR PREND LE COMMANDEMENT DE L'ESCADRE. — RENTRÉE DE L'ESCADRE A TOULON, LE 31 NOVEMBRE 1855.

La garde impériale avait l'ordre de rentrer en France en même temps que l'escadre. La 1re brigade prit passage sur le *Montebello*, le *Friedland*, le *Fleurus*, le *Magellan*, l'*Albatros*, le *Roland*, le *Primauguet;* la 2e brigade sur l'*Ulm*, le *Saint-Louis*, le *Jean-Bart*, le *Cacique* et l'*Asmodée*.

A une heure de l'après-midi, le 7 novembre, le *Montebello* donnait le signal du départ.

L'amiral recevait les honneurs dus à la nouvelle dignité dont il était investi. De tous côtés, retentissait le bruit des salves d'artillerie : les hommes, montés sur les vergues, saluaient de leurs acclamations l'illustre marin, qui avait conquis dans ces parages une juste popularité. En traversant l'escadre anglaise, il allait rendre une dernière visite à l'amiral Lyons. Les hourras des équipages se mêlaient encore ici aux explosions du canon.

On est souvent témoin d'enthousiasmes de convention. Ce jour-là, l'émotion était à la fois vraie et réciproque. Éloignés de la patrie depuis près de deux ans, nous touchions avec bonheur au terme de cette glorieuse campagne. Nos compatriotes, comme nos alliés, savaient les épreuves que nous avions traversées; leur cœur palpitait en se séparant de compagnons qui les devançaient dans un retour prochain pour tous. L'heure de la guerre était passée.

Le 10, l'escadre mouillait dans le Bosphore : le *Montebello* laissait tomber son ancre, en face du palais de Tchéragan, à deux heures après midi.

A Constantinople, l'amiral Bruat fut l'objet des démonstrations les plus flatteuses. Lors de notre présentation au Sultan, les témoignages de déférence lui furent prodigués. Il se trouvait si bien à ce moment qu'il parcourut à cheval les principaux quartiers de cette capitale.

Le 15, à midi, nous partions pour la France.

Deux événements regrettables avaient attristé notre séjour dans le Bosphore : M. Tanguerey, chirurgien-major du *Trident*, épuisé par une dyssenterie chronique, succombait le 7, à l'hôpital de Thérapia.

Trois jours après, la marine faisait une nouvelle perte. M. d'Heureux, capitaine de frégate, avait quitté les batteries de siége pour prendre passage sur l'*Asmodée*. A son départ, il accusait les symptômes d'une grippe simple, qui fut compliquée, dans le Bosphore, par des accès pernicieux. Malgré l'usage de la quinine à haute dose, pendant la rémission, il fut enlevé le 10, à six heures du matin.

Un événement plus sinistre encore devait bientôt glacer tous les cœurs. Frappé par le choléra, notre amiral périssait, après quelques heures d'horribles souffrances.

L'amiral Bruat était, depuis de longues années, sous l'influence d'une diathèse goutteuse. Des dépôts tophacés existaient autour de l'articulation du gros orteil avec le premier métatarsien ; tous les orteils offraient ces étranges distorsions, qui les ont fait comparer à une botte de panais. Les articulations tibio-tarsiennes, fémoro-tibiales, étaient empâtées et crépitantes. Ces déformations, sans rendre la marche impossible, occasionnaient un balancement caractéristique.

Aux doigts, aux poignets, aux coudes, on trouvait des lésions analogues, quoique moins prononcées.

Pendant le séjour de l'escadre de l'Océan à Gallipoli, une violente hémoptysie avait menacé cette existence déjà profondément compromise. Depuis mon embarquement sur le *Montebello*, la goutte était constante : il y avait sans cesse une ou deux articulations douloureuses. La fatigue, la préoccupation, un écart de régime amenaient infailliblement, soit une exacerbation dans les fluxions articulaires, soit des troubles digestifs. La thérapeutique adoptée consistait en un demi-verre d'eau de Vichy, après chaque repas, en un bain alcalin, tous les huit jours, en cinq ou dix gouttes de teinture de colchique dans un verre d'eau, le matin, quand les exacerbations acquéraient trop de violence. Le seul topique employé sur les articulations était un liniment camphré et opiacé.

Le régime régulier, sévère, indispensable en pareil cas, était peu compatible avec la position de commandant en chef d'une escadre. Tantôt l'amiral Bruat donnait à dîner, tantôt il dînait chez l'amiral anglais, une autre fois chez le général en chef, etc. Ses meilleures intentions s'évanouissaient devant des nécessités, chaque jour, renaissantes. J'ai lutté de tout mon pouvoir contre ces écarts ; afin d'éviter les tentations du repas en commun, j'avais obtenu, à diverses reprises, qu'il se fît servir isolément. Comme tous les malades, il acceptait résolûment les privations, quand les souffrances étaient vives ; avec le mieux l'imprudence reparaissait. Il me faut avouer que je n'ai jamais vu supporter la douleur avec un stoïcisme plus complet. Au milieu des crises, sa figure conservait sa sérénité, son sourire. Bien rarement, j'ai recueilli quelques plaintes ; même alors, une plaisanterie ne tardait pas à les tempérer.

Durant l'expédition de Kertch, à la suite des fatigues qu'il s'imposa, les fonctions digestives subirent un contre-coup fâcheux. Une diarrhée tenace résista au sous-nitrate de bismuth à haute dose, selon la méthode de mon maître et ami, M. le professeur Monneret. La diète, l'usage soutenu du nitrate d'argent associé à l'opium en triomphèrent avec peine. J'avais éprouvé de graves inquiétudes. Quoique l'amiral me recommandât de ne jamais parler de sa santé, dans ma correspondance officielle, je fis part de ces inquiétudes à mon inspecteur général, en rendant compte de l'expédition de Kertch.

Les mois de juillet, d'août, s'écoulèrent au milieu des alternatives qui caractérisent la goutte chronique. Il était évident que la cachexie faisait des progrès, que les forces de l'amiral diminuaient.

A la date du 11 octobre, en transmettant mon rapport à propos de la prise de Sébastopol, j'écrivais en ces ter-

mes, à l'inspecteur général : « La santé de l'amiral con-
« tinue à m'inspirer de vives appréhensions. Malgré le
« mieux qui se dessine depuis quelques jours, je fais des
« vœux pour son prochain retour en France. »

Ce mieux se soutint pendant l'expédition de Kinburn, grâce à la salutaire réaction du moral sur le physique. L'amiral avouait son bonheur ! Il avait obtenu la haute dignité à laquelle il aspirait : son nom était désormais lié à deux importantes expéditions : il allait revoir une famille dont il parlait avec effusion !......

Notre état sanitaire était à Constantinople aussi rassurant qu'à notre départ de Crimée. Il est vrai que cinq cas de choléra m'avaient été signalés ; répartis sur un personnel considérable de marins et de militaires, ils passaient, pour ainsi dire, inaperçus. Nous étions familiarisés avec ces manifestations inopinées...

En descendant la mer de Marmara et les Dardanelles, en traversant l'Archipel, nous fûmes favorisés par le temps. L'amiral Bruat, naguère si confiant dans son étoile, laissait paraître une anxiété inexplicable. Pour la première fois, on remarquait en lui de l'indécision. Il mangea, le 18, un peu moins que d'habitude, sans répugnance pourtant. Nous doublions le cap Matapan à la chute du jour, lorsqu'il voulut absolument modifier la route de l'escadre. Le *Brandon* qui se tenait à côté du *Montebello*, à portée de voix, reçut l'ordre de parcourir la ligne afin de faire rectifier la route précédemment donnée pour la nuit. Pendant l'exécution de cet ordre, l'amiral se livrait à des mouvements d'impatience inusités.

Tout à coup une syncope se déclare, je suis appelé. La

défaillance fut lente à se dissiper. En reprenant ses sens, l'amiral éprouva un vomissement, puis il regagna lui-même son lit préalablement garni de bouteilles chaudes. Sous l'influence d'une forte infusion de thé, le pouls se releva, la chaleur se rétablit. Je crus à une indigestion occasionnée par la fraîcheur de la soirée. Le sommeil ne tarda pas à venir; vers dix heures, le pouls était plein, la peau chaude et moite, l'expression des traits naturelle...

A minuit des nausées se manifestèrent, bientôt suivies de vomissements : trois selles se succédèrent coup sur coup. Il défendit à son domestique de me prévenir, affirmant qu'il allait mieux. En se remettant au lit, il demanda une tasse de thé.

A trois heures du matin, de violentes crampes le réveillent en sursaut; des coliques atroces se font sentir, des vomissements, des selles répétées se montrent. J'accours auprès de lui. Sa physionomie avait subi une altération profonde : ses traits tirés, sa pâleur livide, sa voix cassée, me révélèrent d'emblée un état excessivement grave. « C'est fini, docteur, me dit-il, mes forces sont à bout. »

Je refoulai au fond de mon cœur mes sombres pressentiments ; je m'efforçai de détourner son esprit de cette tendance au découragement. Le pouls était d'une extrême faiblesse, la peau couverte d'une sueur glacée, la langue froide. Les crampes, les coliques, donnaient lieu à une agitation incessante. L'amiral me supplia de le laisser marcher quelques instants, appuyé sur deux de ses canotiers. Les vomissements et les selles se succédaient, c'était comme de l'eau de riz tenant en suspension quelques grumeaux blanchâtres.

J'ordonnai du thé punché, puis une potion fortement éthérée et laudanisée. Des frictions furent pratiquées sur les membres avec de l'alcool camphré tiède.

Les vomissements, les selles diminuèrent de fréquence après quelques cuillerées de la potion, mais le pouls ne se relevait pas, la langue, la peau restaient froides; les crampes, devenues intermittentes, offraient de cruelles exacerbations.

Je fis entourer de larges sinapismes les membres inférieurs jusqu'aux genoux, les membres supérieurs jusqu'aux coudes.

Vers sept heures du matin, un commencement de réaction sembla poindre. Le pouls devint sensiblement plus fort, la peau plus élastique, la voix moins cassée. Les selles, ainsi que les vomissements, étaient arrêtés. Les crampes, moins violentes, étaient séparées par de plus longues intermittences, enfin une petite émission d'urine s'accomplit à ma grande satisfaction.

Un instant j'espérai; cette illusion s'évanouit bien vite. Avec les vomissements et les selles reparaissaient les crampes; l'algidité s'établissait définitivement.

A neuf heures, je plaçai des vésicatoires à l'épigastre et aux mollets, je fis alterner la potion prescrite avec quelques cuillerées de vin de Malaga. Malgré mes efforts, la prostration se prononçait de plus en plus. A midi, commençait l'agonie; la mort arrivait deux heures après.

Telle a été la fin de l'amiral Bruat. Au milieu de ses

tortures il eut des paroles bienveillantes pour tous les officiers qui assistaient, le cœur navré, à cette lutte cruelle. Il conserva l'intégrité de ses facultés. A partir de dix heures, la souffrance parut émoussée, la parole exigea un effort auquel il se résignait avec peine, ses yeux se tinrent fermés.

L'amiral Bruat avait un esprit pénétrant et fécond : comme homme de guerre, il possédait dans l'exécution un calme, une patience, qui tranchaient avec la prodigieuse activité dont il faisait preuve dans les préparatifs. Ce qui surtout le caractérisait, c'était une inépuisable bonté, une amicale familiarité avec les officiers appelés à vivre près de lui. Discernant très-vite les imperfections de chacun, il se montrait plus sensible aux qualités qu'il mettait en relief avec une énergique persévérance.

Le 21, le commandant Jurien de la Gravière, chef d'état-major, prenant le commandement de l'escadre, expédiait sur l'*Ulm* le lieutenant de vaisseau Bruat, neveu de l'amiral, pour aller annoncer au ministre la perte que nous venions de faire.

L'escadre rentrait à Toulon, le 31 novembre 1855.

La destruction du port militaire d'Odessa, la journée du 17 octobre 1854, la prise de Kertch, de Sébastopol, de Kinburn, constituaient d'incontestables titres de gloire. Pendant deux hivers, nos vaisseaux avaient sillonné une mer où la tempête règne en permanence. Nos marins avaient affronté avec un courage inébranlable les éléments, les épidémies, les dangers de la guerre. Leur activité dans l'embarquement des troupes et du matériel, avait dépassé les plus ardentes prévisions. Notre drapeau avait flotté dignement à côté du drapeau des Anglais. De l'aveu de nos éternels rivaux, l'escadre française avait été quelquefois supérieure, souvent égale, jamais inférieure.

Il fallait que la joie du retour fût interdite à celui qui avait déployé dans le commandement tant de puissantes qualités. L'amiral Bruat, mêlé à toutes nos victoires, ne devait pas être salué vainqueur dans son pays.

CHAPITRE XXII

APPRÉCIATION DE LA DOCTRINE DE M. LEFÈVRE SUR LA COLIQUE SÈCHE, AU POINT DE VUE DES FAITS OBSERVÉS DANS LA MER NOIRE.

En terminant cette relation médicale de la campagne de Crimée, je m'aperçois que je n'ai pas eu l'occasion de m'expliquer sur un point de doctrine, qui divise les médecins de la marine. L'origine miasmatique ou saturnine de la colique sèche a donné lieu, dans ces derniers temps, à une polémique assez animée.

Lorsque deux opinions rivales s'opposent l'une à l'autre avec une égale ardeur, les esprits froids inclinent volontiers à penser que chacune d'elles pourrait avoir raison sur un point particulier. Le différend dans la controverse actuelle ne tiendrait-il pas à un malentendu ?

Il n'est pas de médecin de la marine qui n'ait constaté des exemples de coliques de plomb sur les bâtiments, surtout depuis l'extension prise par la vapeur. Mais, n'est-ce pas dépasser le but, que de rayer la colique sèche de la pathologie des régions intertropicales ?

L'éminent directeur de l'école de Brest se croit autorisé, « quand une affection est suffisamment caractérisée par les symptômes qui lui sont habituels, à en préciser la nature, lors même que la cause reste inconnue (1). »

(1) Extrait de la *Gazette hebdomadaire de médecine et de chirurgie*. Lettre à M. le docteur Dutroulau par M. Lefèvre, directeur du service de santé au port de Brest.

Ce principe de pathologie ne me paraît pas rigoureusement exact. Les symptômes dirigent dans la recherche de la cause, les renseignements fournis par eux ne peuvent aller au delà de la présomption. De tout temps, l'étiologie a joué le premier rôle, quand il s'agit d'établir la nature d'une maladie. On pourrait renverser les termes de la proposition précédente, en faisant à la cause la part attribuée aux symptômes. Les écoles dichotomiques sont les seules qui aient dédaigné l'étiologie. La fièvre intermittente est-elle toujours le résultat d'une intoxication paludéenne? Le séjour d'une sonde dans la vessie ne la produit-elle pas? De ce que l'empoisonnement par les moules engendre l'urticaire, conclue-t-on, dans tous les cas, en présence de cet exanthème, à l'usage préalable de ces mollusques? La pustule ombiliquée caractéristique de la variole n'a-t-elle pas aussi pour cause une friction stibiée?

La connaissance de la cause est parfois indifférente, pour la pneumonie, par exemple ; souvent aussi elle importe au plus haut degré. A l'appui de cette manière de voir, Galien cite l'exemple saisissant de deux individus mordus par un chien enragé. L'un s'adresse à un médecin méthodique, qui, négligeant la cause, se borne à cicatriser la plaie. Quelques mois après, la mort survient au milieu du délire et des convulsions. L'autre s'adresse à un médecin qui attache de l'importance aux causes, qui agrandit la plaie, la fait longtemps suppurer par des préparations âcres, prescrit un traitement spécifique et guérit définitivement. Il n'est pas besoin d'ajouter que la cure revient uniquement au traitement externe.

Chargé, pendant deux ans, de la direction de l'hôpital de la Marine à Montévideo (1850-1851), j'ai traité 25 cas de colique sèche, tous provenant de bâtiments à voiles ou à vapeur qui s'étaient arrêtés, soit au Sénégal, soit au Brésil, pour renouveler leur provision d'eau. C'est à cette relâche que je rattache l'origine de cette maladie, dont furent exempts les équipages des navires mouillés sur rade, et les troupes tenant garnison dans la ville. Je n'ai jamais pensé, ni écrit que la colique sèche fût endémique sur les bords de la Plata. Les Antilles, le Sénégal, Madagascar sont considérés, dans mon compte rendu, comme les principaux foyers de cette affection.

Je cite (1), il est vrai, quelques mariniers des affluents de la Plata, qui se présentèrent à ma consultation, atteints de colique sèche. Précisément à cause de la rareté de pareils faits dans ces parages, je me suis efforcé de découvrir une origine saturnine à ces accidents. Mon enquête est restée négative.

Ces hommes convenaient d'avoir navigué antérieurement sur les côtes du Brésil, mais ils n'y avaient éprouvé rien d'analogue aux douleurs dont ils se plaignaient. Bien qu'en 1840, le brick *Sylphe*, en remontant le Parana à cent cinquante lieues de son embouchure, ait été le théâtre d'une épidémie de colique sèche, je ne me suis jamais cru autorisé à regarder cette affection comme endémique à Montévideo, ainsi que le suppose M. Lefèvre.

(1) *Nouvelles Annales maritimes*, 1852.

En lisant son ouvrage (1), on se félicite d'appartenir à un corps qui peut s'enorgueillir avec raison d'un pareil écrivain. Pour ma part, je me suis senti ébranlé ; en réfléchissant sur les faits dont j'ai été le témoin, sur ceux exposés, avec un remarquable talent, par plusieurs de mes confrères, je suis revenu à mes convictions antérieures. Une première lecture jette l'esprit dans l'embarras : la multiplicité des causes d'intoxication saturnine à bord devient un terrible argument. Il est sage d'imiter l'attitude aussi ferme que réservée d'Orfila, enface d'un puissant adversaire qui, dans un procès célèbre, trouvait de l'arsenic partout, et en tout.

Les maladies qui ont régné assez fréquemment pour mériter une mention, figurent dans cette relation médicale de la campagne de Crimée. La colique saturnine n'a pas été de ce nombre. Sans doute, les faits négatifs ne sauraient infirmer un seul fait positif. Il faut, d'un autre côté, ne pas oublier que si l'homme peut s'acclimater, se plier à des influences météorologiques nouvelles, il ne saurait s'habituer à des causes toxiques permanentes.

Toutes les conditions citées par M. Lefèvre comme favorisant l'intoxication saturnine se rencontrèrent dans le mer Noire. La chaleur pendant l'été, soit à Baltchick en 1854, soit sur les côtes de Crimée, en 1855, fut excessive : elle s'exprima, à certains moments, par + 40 degrés centésimaux. Les appareils distillatoires fonctionnèrent, par ordre, pendant toute la campagne.

---

(1) *Recherches sur les causes de la colique sèche* observée sur les navires de guerre français, particulièrement dans les régions équatoriales et sur les moyens d'en prévenir le développement. Paris, 1859.

Les feux maintenus allumés sur les vaisseaux, les frégates et les avisos à vapeur d'avant-garde, condamnèrent les chauffeurs à vivre, pendant des mois, dans une atmosphère embrasée. L'usage prolongé des viandes salées, des légumes secs, aboutit à une épidémie de scorbut, qui ne s'est réellement terminée qu'à la fin de la guerre. L'acidulage réglementaire prescrit à Baltchick, quand l'escadre était menacée du choléra, fut, depuis, strictement maintenu. Sur quelques navires où le scorbut sévissait avec intensité, l'eau vineuse lui fut provisoirement substituée. En rappelant les fatigues d'un service exceptionnel, les épidémies qui imprimèrent une profonde débilitation aux équipages, la qualité inférieure du vin acheté d'urgence à Constantinople, de certaines farines, qu'il fallait forcément accepter, enfin en ajoutant que les mesures qui ont suivi la publication des travaux de M. Lefèvre n'avaient pas encore été appliquées, j'arrive à une somme de causes prochaines ou éloignées qu'on ne rencontre ni au Sénégal, ni aux Antilles, ni à Madagascar.

Les états mensuels des chirurgiens-majors, pendant ces deux ans, renferment 12 cas de colique sèche, tous assez légers pour être traités à bord. La statistique de l'hôpital de Thérapia ou de l'hôpital de l'Ile-des-Princes ne mentionne pas cette maladie. Huit fois, elle est considérée comme récidive d'une première atteinte contractée en d'autres parages; quatre fois, aucune observation ne l'accompagne. Mon intervention n'a pas été réclamée, ce qui me permet d'affirmer que ces accès n'ont jamais été inquiétants.

Voici la répartition de ces cas :

DEUXIÈME TRIMESTRE 1854.

Cacique, frégate à vapeur. M. Louvel, chirurgien-major...................... 2 cas.

TROISIÈME TRIMESTRE 1854.

Belle-Poule, frégate à voiles. M. Lauvergne, chirurgien-major...................... 4 cas.

NOVEMBRE 1854.

Marengo, vaisseau à voiles. M. Bouffier, chirurgien-major...................... 3 cas.

FÉVRIER 1855.

Marengo, vaisseau à voiles. M. Bouffier, chirurgien-major...................... 1 cas.

AOUT 1855.

Montebello, vaisseau mixte. M. Rault, chirurgien-major...................... 1 cas.

AOUT 1855.

Cassini, corvette à vapeur. M. Guyonnet, chirurgien-major...................... 1 cas.

Ce résultat n'autorise-t-il pas à penser qu'on a exagéré l'influence nuisible du plomb à bord? L'application des mesures, dues à l'initiative du directeur de Brest, prouvera si le mal est détruit dans sa cause réelle. Il n'est pas inutile de remarquer que, sur 12 cas, 8 se sont manifestés sur des bâtiments à voiles.

Au camp, les conserves-Appert ont été d'usage journalier pour les tables des officiers. Il n'y a pas eu un seul cas d'intoxication saturnine dans l'état-major de la marine, et je crois pouvoir dire dans les états-majors de l'armée. M. l'inspecteur général Michel Lévy, M. le médecin en chef Scrive ne m'ont jamais parlé de pareils accidents.

Une expérience faite sur une aussi large échelle me paraît avoir de la valeur. Comment expliquer le privilége d'échapper, pendant ces deux ans, à un poison répandu à profusion, quand règnent toutes les conditions favorables à l'empoisonnement ? Cette immunité de la marine est inconciliable avec la doctrine de M. Lefèvre. Comment la paralysie, l'encéphalopathie, ces derniers termes de l'intoxication saturnine, n'auraient-elles pas nécessité, chaque année, des congés de réforme ? Comment la marine aurait-elle évité l'empoisonnement général de son personnel ?

En exposant ma manière de voir, j'obéis à l'indépendance qui doit guider dans les questions de doctrine scientifique. Ma déférence pour l'honorable directeur de l'École de Brest reste la même. Je ne me dissimule pas l'autorité légitime de ses opinions, l'influence salutaire de son enseignement dans nos écoles ; mais sans nier la possibilité de l'intoxication saturnine à bord, je n'hésite pas à attribuer les coliques sèches à un concours de causes encore inconnues.

Le liséré de Burton ne me paraît ni constant, ni pathognomonique pour établir la fusion des coliques végétale et saturnine. J'ai constaté et fait constater dans mon service, à Cherbourg, ce liséré parfaitement dessiné sur des hommes renvoyés de Chine ou du Sénégal pour cachexie paludéenne et scorbutique sans atteinte d'aucune espèce de coliques. J'ai constaté et fait constater son absence sur des hommes atteints de semi-paralysies à la suite de coliques sèches et renvoyés des mêmes localités.

Il est un dernier point que je crois devoir contester. D'après M. Lefèvre, les coliques sèches sont rares dans les divers postes militaires établis au Sénégal.

Comme chirurgien-major du régiment de marine desservant cette colonie, j'ai fait obtenir, chaque année, de 1848 à 1853, des congés de convalescence pour des soldats renvoyés en France à cause de cette maladie. Un plus grand nombre se rétablissait à l'infirmerie régimentaire.

Ces coliques étaient contractées au Gabon ou au Grand-Bassam. Aujourd'hui les postes de Dabou, de Bakel, passent pour des foyers d'infection plus dangereux encore. Il est difficile de trouver là les conditions indispensables à l'empoisonnement saturnin.

Un fait assez curieux de la navigation sur la côte occidentale d'Afrique, c'est que, dans certaines stations, la fièvre intermittente domine, ailleurs la dyssenterie et l'hépatite, ailleurs enfin la colique sèche. Un simple changement de lieux modifie la maladie régnante ; or, les causes toxiques invoquées par M. Lefèvre subsistent toujours à bord. Des observations analogues ont été faites en Chine, à propos des stations de Canton et de Touranne.

La théorie de M. le directeur de l'École de médecine navale, à Brest, a trouvé des prosélytes fervents et d'ardents contradicteurs. Si elle n'est pas l'expression d'une vérité absolue, elle n'en a pas moins provoqué l'activité des esprits, sollicité de nouvelles observations. La critique peut-être un peu vive des opinions de ses adversaires ne sera pas stérile, je l'espère. L'apparition de son livre aura concouru à établir définitivement un point de doctrine qu'une controverse plus froide aurait prolongé d'une manière indéfinie.

FIN.

TABLE DES MATIÈRES

Chapitre premier. — Mouillage de Baltchick, avril, mai, juin 1854. — Coup d'œil sur l'état sanitaire de l'escadre. — Tableaux synoptiques du deuxième trimestre de l'année 1854..........................

Chapitre II. — Mouillage de Baltchick, juillet et août 1854. Épidémie de choléra... 11

Chapitre III. — Mesures hygiéniques. — Moyens de médication adoptés pendant l'épidémie de choléra............................... 32

Chapitre IV. — Hôpital de Thérapia. — Ambulance provisoire de Baltchick. — Départ de l'expédition de Crimée le 5 septembre 1854..... 42

Chapitre V. — Navigation des flottes expéditionnaires dans la mer Noire. — Prise de possession d'Eupatoria — Débarquement de l'armée alliée à Old-Fort. — Bataille de l'Alma. — Marche sur la Belbeck, Mackenzie, Balaclava. — Départ du maréchal. — Coup d'œil sur l'état sanitaire pendant le troisième trimestre, 1854........... 49

Chapitre VI. — Octobre 1854. — Arrivée de l'armée sous les murs de Sébastopol. — Expédition d'Yalta. — Formation des batteries de la marine. — Attaque par la flotte des forts de la rade............... 62

Chapitre VII. — Blessés du 17 octobre dirigés sur l'hôpital de Thérapia. — Scorbutiques mis en traitement sur la *Proserpine* et la *Belle-Poule*. — Suppression de l'ambulance de Baltchick. — Inspection de l'hôpital de Thérapia.. 71

Chapitre VIII. — Novembre 1854. — Bataille d'Inkermann. — Progrès du scorbut. — Ouragan du 14. — Nouvelle mission dans le Bosphore. — Entrée des scorbutiques de la flotte dans les hôpitaux militaires de Constantinople... 85

CHAPITRE IX. — Décembre 1854. — Persistance du scorbut dans la station de Crimée. — Amélioration rapide de cette affection sur les vaisseaux envoyés à Constantinople. — Hôpital français des sœurs de Saint-Benoît. — Installation du matériel de l'hôpital de l'Ile-des-Princes (Kalchi). — Départ de l'amiral Hamelin.................................. 95

CHAPITRE X. — Épidémie de scorbut de la flotte. — Mesures hygiéniques adoptées pour la combattre. — Maladies qui sévissaient à la fin de l'année 1854. — Résultats chirurgicaux de l'hôpital de Thérapia.... 100

CHAPITRE XI. — Janvier 1855. — Ouverture de l'hôpital de l'Ile-des-Princes. — Conditions atmosphériques rigoureuses. — Congélations. — Activité du service de la marine à Kamiesch. — Transport des malades de l'armée. — État sanitaire de la flotte. — Ivresses mortelles. 110

CHAPITRE XII. — Février 1855. — Continuation des travaux de siége. — Progrès du scorbut dans l'armée. — Travaux accomplis par la marine. — Assainissement de la baie de Kamiesch. — Cas douteux de typhus sur l'*Alger* et le *Marengo*.. 119

CHAPITRE XIII. — Mars 1855. — Amélioration de l'état sanitaire de la flotte. — Raisons invoquées pour maintenir le régime exceptionnel dont jouissaient les marins. — Maladies régnantes. — Rôle difficile des chirurgiens accompagnant à Constantinople les malades de l'armée. 126

CHAPITRE XIV. — Avril 1855. — Ouverture du feu des batteries de siége. — Officiers et aspirants tués ou blessés aux batteries de la marine. — — Ligne de bataille des escadres alliées en face de l'entrée du port de Sébastopol. — État sanitaire de l'escadre. — Essai des eaux-de-vie de grains. — Typhus du *Canada*.. 132

CHAPITRE XV. — Mai 1855. — Premier départ de l'expédition de Kertch. — Typhus de l'*Asmodée* et du *Christophe-Colomb*. — Le général Pélissier prend le commandement en chef. — Deuxième départ de l'expédition de Kertch. — Expédition dans la mer d'Azoff. — Recrudescence transitoire du scorbut... 140

CHAPITRE XVI. — Juin 1855. — Occupation d'Iéni-Kalé et du fort Saint-Paul. — Station de Kertch. — Choléra à Iéni-Kalé. Anapa. — Choléra sur l'*Alger*. — Résultat des fatigues imposées aux officiers de santé. — Choléra au camp de la marine............................... 150

CHAPITRE XVII. — Juillet 1855. — Influence de la saison. — Pathologie des pays chauds. — Choléra d'Eupatoria. — Tribut payé à l'acclimatation par les marins arrivés récemment de France. — Le nombre des malades suit la proportion de l'effectif de l'escadre............ 158

Chapitre XVIII. — Août 1855. — Accomplissement des derniers travaux de siége. — Bataille de Tractir. — Ambulance de Kamiesch desservie par les chirurgiens de la marine. — Nombre des chirurgiens de la marine affectés au service de l'armée. — État sanitaire de la flotte. 163

Chapitre XIX. — Septembre 1855. — Ouverture du feu de toutes les batteries, le 5. — Assaut de Malakoff et du Bastion central, le 8. — Ambulance de Kamiesch réservée aux chirurgiens de la marine. — Morts et blessés dans nos batteries de siége. — Maladies de l'escadre pendant le mois.. 172

Chapitre XX. — Octobre 1855. — Expédition de Kinburn. — Visite à Eupatoria. — Attaque de la forteresse, le 17. — Statistique des blessés et des morts. — Occupation de Kinburn par une garnison française. — Retour de l'escadre à Sébastopol............................ 180

Chapitre XXI. — Embarquement de la garde impériale sur les vaisseaux et frégates effectuant leur retour à Toulon. — Départ de Crimée, le 7 novembre. — Arrivée à Constantinople, le 10. — Départ pour Toulon, le 15. — Maladie et mort de l'amiral Bruat. — Le chef d'état-major prend le commandement de l'escadre. — Rentrée de l'escadre à Toulon, le 31 novembre 1855................................ 18

Chapitre XXII. — Appréciation de la doctrine de M. Lefèvre, directeur du service de santé au port de Brest, sur la colique sèche, au point de vue des faits observés dans la mer Noire............... 196

FIN DE LA TABLE DES MATIÈRES.

Corbeil, typ. et stér. de Crété.

LIBRAIRIE J. B. BAILLIÈRE ET FILS.

BARRALLIER. Du Typhus épidémique, et en particulier du Typhus observé au bagne de Toulon en 1855.et 1856, par A. M. BARRALLIER, professeur de Pathologie médicale à l'École de médecine navale du port de Toulon, second médecin en chef de la marine, etc. Paris, 1861. In-8.

DUTROULAU. Traité des maladies des Européens dans les pays chauds; climatologie, maladies endémiques, par le docteur A. F. DUTROULAU, premier médecin en chef de la marine (en retraite), etc. Paris, 1861. 1 vol. in-8 de 620 pages.................................... 8 fr.

Les événements importants auxquels l'auteur a assisté pendant dix-sept ans de pratique coloniale, lui ont permis de recueillir lui-même les éléments de ce livre, au lit du malade et au milieu des épidémies.

Afin de rendre applicables à la plupart des régions tropicales les résultats de ses études et de sa pratique personnelle, M. Dutroulau ajoute des faits et des appréciations empruntés aux médecins placés sur d'autres théâtres dans les mêmes conditions d'observations que lui. Ces documents émanés des colonies que possède la France dans les deux hémisphères sont l'œuvre de médecins de la marine dont l'esprit et l'instruction se sont formés aux sources où M. Dutroulau a puisé. Les Colonies que la France possède sous les tropiques, c'est-à-dire le Sénégal, la Guyane, les Antilles, Mayotte, la Réunion, Taïti servent principalement à ses appréciations.

Voici les principales divisions du *Traité des maladies des Européens dans les pays chauds*. PREMIÈRE PARTIE : Climatologie. CHAP. I. Climats partiels de la zone torride. CHAP. II. Rapports et différences des climats partiels entre eux. CHAP. III. Rapports des maladies endémiques avec les climats partiels. CHAP. IV. Rapport des maladies non endémiques avec les climats tropicaux. CHAP. V. Acclimatement sous les tropiques. — DEUXIÈME PARTIE. Maladies endémiques. CHAP. I. Fièvre paludéenne. CHAP. II. Fièvre jaune. CHAP. III. Dyssenterie. CHAP. IV. Hépatite. CHAP. V, Colique.

Les médecins de la marine et tous ceux qui ont le goût des études de géographie médicale, ou qui ont intérêt à se familiariser avec les maladies exotiques, qui sont exposés à lutter sur les mers et sur les points du globe les plus éloignés contre les influences pernicieuses accueilleront favorablement ce livre et y puiseront les résultats d'une longue expérience et d'une observation consciencieuse.

LEFÈVRE. Recherches sur les causes de la colique sèche observée sur les navires de guerre français, particulièrement dans les régions équatoriales, et sur les moyens d'en prévenir le développement, par M. A. LEFÈVRE, directeur du service de santé de la marine au port de Brest. Paris, 1859. In-8 de 312 p... 4 fr. 50

FONSSAGRIVES. Traité d'hygiène navale, ou De l'influence des conditions physiques et morales dans lesquelles l'homme de mer est appelé à vivre, et des moyens de conserver sa santé, par J. B. FONSSAGRIVES, médecin professeur à l'École de médecine navale de Brest. Paris, 1856. 1 vol. in-8 de 770 p., avec 57 fig. dans le texte........................ 10 fr.

SAUREL. Traité de chirurgie navale, par M. le docteur Louis SAUREL, ancien chirurgien de la marine, professeur agrégé de la Faculté de médecine de Montpellier. Paris, 1861. 1 vol. in-8 d'environ 650 p., avec 100 fig.

ROUIS. Recherches sur les suppurations endémiques du foie, d'après des observations recueillies dans le nord de l'Afrique, par J. L. ROUIS, médecin-major de première classe à l'hôpital militaire, sous-directeur de l'École de médecine militaire de Strasbourg. Paris, 1860. In-8, 456 p. 6 fr.

BOUDIN. Traité de géographie et de statistique médicales, et des maladies endémiques, comprenant la météorologie et la géologie médicales, les lois statistiques de la population et de la mortalité, la distribution géographique des maladies, et la pathologie comparée des races humaines, par le docteur J. Ch. M. BOUDIN, médecin en chef de l'hôpital militaire de Vincennes. Paris, 1857. 2 vol. grand in-8, avec 9 cartes et tableaux.. 20 fr.

BARRAL. **Le Climat de Madère** et son influence thérapeutique sur la phthisie pulmonaire, par F. A. Barral, D. M. P., médecin de l'hôpital San-Jose, traduit du portugais, refondu et augmenté de notes par le docteur P. Garnier. Paris, 1858. In-8 de 308 pages.................... 6 fr.

BERTIN. **Des moyens de conserver la santé des blancs et des nègres** aux Antilles, ou Climats chauds et humides de l'Amérique. Paris, 1786. In-8 de 126 pages............................... 2 fr. 50

CHERVIN (N.). **Examen critique des prétendues preuves de la contagion de la fièvre jaune.** Paris, 1829. In-8......... 3 fr. 50

CHERVIN (N.). **Examen des nouvelles opinions de MM. le docteur Lassis concernant la fièvre jaune.** Paris, 1829. In-8.... 1 fr. 50

DARISTE. **Recherches pratiques sur la fièvre jaune.** Paris, 1825. In-8.. 1 fr.

FRERICHS. **Traité pratique des maladies du foie**, traduit de l'allemand, avec des notes par MM. Pellagot et Dumesnil. Paris, 1861. 1 vol. in-8, avec fig.

GODINEAU. **Études sur l'établissement de Karikal** (côte de Coromandel) : topographie, climat, population, maladies, mortalité, hygiène; par le docteur L. Godineau, chirurgien de deuxième classe de la marine. Paris, 1858. Gr. in-8, avec 3 cartes...................... 3 fr. 50

LEREBOULLET. **Mémoire sur la structure intime du foie**, sur la nature de l'altération connue sur le nom de foie gras. Mémoire couronné par l'Académie impériale de médecine. Paris, 1853. In-4, avec 4 planches coloriées... 7 fr.

LÉVY. **Traité d'hygiène publique et privée**, par le docteur Michel Lévy, directeur de l'École impériale de médecine militaire de perfectionnement du Val-de-Grâce, membre de l'Académie impériale de médecine. Troisième édition, revue et augmentée. Paris, 1857. 2 vol. in-8, ensemble 1500 pages.. 17 fr.

MOURAO-PITTA. **Du climat de Madère** et de son influence thérapeutique dans le traitement des maladies chroniques en général, et en particulier de la phthisie pulmonaire, par C. A. Mourao-Pitta, D. M. Montpellier, 1859. In-8 de 262 pages................................ 3 fr. 50

PRICHARD. **Histoire naturelle de l'homme**, comprenant des Recherches sur l'influence des agents physiques et moraux considérés comme causes des variétés qui distinguent entre elles les différentes races humaines, par J. C. Prichard, membre de la Société royale de Londres, correspondant de l'Institut de France, traduit de l'anglais par F. D. Roulin, sous-bibliothécaire de l'Institut. Paris, 1843. 2 vol. in-8, accompagnés de 40 pl. gravées et coloriées, et de 90 fig. intercalées dans le texte........ 20 fr.

Rapport à l'Académie impériale de médecine sur la peste et les quarantaines, fait au nom d'une commission, par le docteur Prus, accompagné de pièces et documents, et suivi de la discussion dans le sein de l'Académie. Paris, 1846. 1 vol. in-8 de x-1056 p.................... 4 fr.

RENDU. **Études topographiques, médicales et agronomiques sur le Brésil,** par M. Alp. Rendu. Paris, 1848. In-8, vii-248 pages. 4 fr.

ROCHARD. **De l'influence de la navigation et des pays chauds** sur la marche de la phthisie pulmonaire. Paris, 1856. In-4........ 4 fr.

www.ingramcontent.com/pod-product-compliance
Lightning Source LLC
Chambersburg PA
CBHW051902160426
43198CB00012B/1721